U0047403

詹惟中

2〇19

開運農民曆

作者序

好壞總非絕對，認識命運，掌握命運

農民曆系列已經蟬聯五年命理書籍的銷售好評，許多讀者對於紫微斗數的理念非常認同，並且給予支持。而本書最重要的工作，就是把複雜的紫微斗數做簡化，將艱澀難懂的學說，做出簡要詳細的分析，並透過三個重點：每個人出生的「年」、「月」、「時辰」，來為各位拆解出二〇一九年的運勢解析。

這本書是命理界的一大突破。怎麼說呢？因為它淺顯易懂，每個人都能朗朗上口，又能夠馬上看透一年的運勢，這就是本書最難得的工程。同時，本書最重要的目的，是希望能創造東方星座的新紀元，給予東方的紫微斗數一個新的舞台。所以，本書除了簡化了艱澀的紫微斗數外，也可以稱為東方星座的創始書。各位讀者如果能細心閱讀本書，不但能成為東方星座大師，也可以對自己未來的運勢瞭若指掌。

累積了這麼多本書的經驗，我們也發現了書籍中較容易誤解的部分，在這裡與各位做詳盡的說明：

第一個問題：二〇一九年、農曆豬年以及台灣的民國一〇八年，這些到底有什麼相關性呢？

很簡單，以上都是同一年，只是因為在不同區域，會產生不同的名稱。而本書所提到的出生年尾數，是以西洋西元年的尾數作為設定。例如二〇一九年，生年尾數就是9。其中有一個比較需要注意的狀況：如果是西元二〇一九年過了後，在二〇二〇年出生，但出生的時間並未超過農曆年的過年，那麼，在算生年尾數時，生年尾數就還是9。因為在古代人來說，並沒有西元，也沒有民國，所以仍以農曆為準。

第二個問題：為什麼以月份來看時說我是吉星高照，可是到了年份卻又說了會大破財，到底應該遵循哪一個呢？

假設以農曆七月生的人來說，他的左輔、右弼一定會落在辰宮和戌宮，在今年交朋友可以左呼右應；但如果這位朋友雖然是農曆七月出生，卻出生於巳時或未時，那麼天空星與地劫星會出現在辰宮和午宮，就稱為「吉中帶兇」。例如：左輔、右弼幫助你交朋友、打天下的同時，你卻可能需要花錢買禮物送朋友，破財消災；或者是A朋友幫了你賺錢，但B朋友卻把錢借走等這樣的狀況。

所以，好沒有絕對好，壞沒有絕對壞，大家在閱讀本書時，一定要仔細去研究，才能體會箇中奧妙。期許各位讀者，都能即早認識命運，逢凶化吉，未來一整年，都能平安順利。

CHAPTER 1
豬年運勢排行榜

CHAPTER 2
從農曆出生月看桃花、人脈、血光

CHAPTER 3

從出生時辰看功名、破財

CHAPTER 4

從農曆出生西元年尾數看貴人、財運、疾厄

CHAPTER 5
豬年開運農民曆

【附錄】

二〇一九豬年總運勢大預測

二〇一九年，我們稱為己亥年。「己」所產生的斗數四化，我們稱之為「武曲星化祿」、「貪狼星化權」、「天梁星化科」與「文曲星化忌」。從這四顆星產生的微妙變化，能對流年運勢來預知一二。

武曲星化祿，武曲代表錢財、金融，代表世界的金錢流向。既然流年來到了化祿，就有否極泰來的新氣象。前幾年，財運不濟、民不聊生，噩耗連連的慘況，到了豬年，都會有所改善。股票有向上成長的空間，投資生意有賺錢的可能，全球互相連動的產業，都有提升的空間，是一個賺錢的好年。

同時也建議大家，多用與金屬有關的家具，因為武曲屬金，包括白色的器具、金屬的用品，都可以增加金金相生的提升力。至於流年財位，武曲屬金，金為西方，偏西的地方，比較能得到財神眷顧與更多財運。居家客廳、書房、臥房，可用銅雕、銅佛（但佛像不建議放臥室），或是金屬的飾品，讓金氣橫生，財源廣進。

貪狼星化權，權，代表拳頭、權力，也代表了執著，也就是有「緊抓著不放」的感覺。貪狼來到化權，表示了貪汙、貪小失大，或是感情上的貪圖、佔有過強，有可能形成許多不必要的情殺事件，或者為愛情反目成仇的狀況，包括演藝圈也會有很多紛擾、爭執不斷。

而針對婚姻來說，在這一年結婚的人，可能是遭受到某種壓力所迫，明明是兩個相愛的人，關係卻非常緊繃。在新的一年，感情世界是戰戰兢兢的，因為感情運上可能會出現不倫、小三等家庭糾紛。

所以，奉勸各位，對愛的執著要放鬆，要抱持可有可無的心態去追求，千萬不要得失心太重，才不會因為壓力過大，而造成更多情感事件的災難。「權」，指的不是「全拿」，而是「全部放下」，才能夠遠離糾葛。

而擔任公家採買職務，在簽約時，也切記不要因為貪小而失大，嚴重一點，甚至可能有變成貪汙案件的危機，千萬要小心。各位在採買購物時，也務必要注意，容易花了接近真品的價錢，最後卻因貪小而失大，而買到假貨。

千萬記得，想化解這個危機，因貪狼本身屬木，深淺綠色都需要酌量吸收。例如盆栽需要適度安放，增加木桌、木床的擺設，都能讓運勢提升。且擺放時，可以搭配福氣的方位，如東方，是追求愛情的好方位，那麼在東方擺放木材類家具，就能增加人緣，帶來升官好運的機會。

天梁星化科，科，代表了考運，也代表愛情運。既然天梁星化科，代表長輩賦予的媒妁之言、由長輩帶來的桃花都有加分。天梁也暗藏著宗教之愛，表示可能因宗教信仰而結為連理，或因為同樣的宗教而更加恩愛。

天梁，也代表了長者，表示老人的社會福利政策，將會得到肯定與支持。同時，天梁也代表科技，表示新的一年，科技業的新發明會層出不窮、此起彼落，並且突飛猛進。

而天梁本身屬土，東北、西北、西南、東南，非正四方，都是追求愛情的好方向。米色、黃色、橘色的飾品，像是皮包、領帶、帽子等，都可以為追求愛情加分。另外，面向東北、西北、西南、東南，去多做閱讀或追求愛情，也都會有好的影響。

另外，在書桌上擺放瓷器、聚寶盆，都能增加土金相生的能量。而粉晶擺在床頭，就能提升愛情；小晶洞擺在書桌上，就能增加考運。所以，請各位務必記得，掌握天梁星，就掌握到好的人脈與考運。

文曲星化忌，最後一點，也是己年中最讓人害怕的。忌，代表災難，而文曲，代表雙管齊下、齊人之福或是齊人之禍。

文曲，在身體上代表了神經、氣管、血管上的毛病，在新的一年，這些身體部位突發疾病的可能性比較高。文曲同時也代表了才藝，所以如簽賭、喝酒、賭博、打麻將等，可能會因為不良嗜好讓錢財一瀉千里。突然沉迷彩券，也可能酗酒過量、賭博成性，因而帶來災難，變成「財去人不留」，孤獨一人的悲慘下場。

而文曲也代表了齊人之禍、齊人之福，指的是小三、情人之間的糾葛。在新的一年中，感情將會產生許多磨擦，波折也會持續發生。文曲化忌也代表了特殊的才華無法發揮，或是因為本身的不良習慣，像是聚賭、酗酒、過度玩樂，而為生活帶來困擾。提醒大家，不只是演藝圈才會有小三、劈腿等新聞曝光，包含政治圈、國際界，都會有爆料的可能。

文曲是玩物喪志的一顆星，人們可能會對吃喝嫖賭等玩樂，過度投入，而難以自拔，造成生活狀況的惡化。例如過去職棒簽賭的弊案、彩券賭博的沉迷，都是過往案例給各位的一個提醒。重要的是，抽菸、喝酒、賭博、熬夜等不好的習慣，在新的一年，更要自我克制，才能遠離災難。

導讀
認識星曜

在本書的開始，先替各位將紫微斗數的每個星曜進行剖析與說明，因為，當你了解這些星曜的特色，就能對於整個流年的運勢，以及它將坐落的宮位，有更深刻的認識。

紫微斗數的星曜，分為三種，首先是「年系星」，指的是某一年出生的人，有哪些星是跟著該出生年來做推算。其次是「月系星」，是以陰曆的出生月份，來安排命盤中的位置。最後，是「時系星」，是依照出生時辰來安排。要注意的是，並沒有日系星。

星曜特性說明——年系星

首先與大家解釋的是年系星。

在紫微斗數中常用的年系星，有五個星曜，分別是：羊刃、陀羅以及天魁、天鉞、祿存。每個讀者都擁有這些星，只是因為生在不同的年份，這些星會產生不同的變化與位置，這就是年系星的特色。

例如，二〇一九年是農曆豬年，也就是亥年，它的靈動數是9，而其他年出生的讀者，也會有其他的變化。在這裡我們先不談論個案上的差異，先針對上述提到的五個年系星，做簡單的說明與介紹。

首先，是**祿存星**。每個人都有祿存星。祿存星就是錢財星，就如福祿壽喜，「祿」就代表了多金，也代表錢財可期、享受和好福報，也代表吃穿不愁、物慾上的滿足。

羊刃、**陀羅**，也屬於年系星。羊刃星代表迅雷不及掩耳的災難，瞬間會奪走你的身體健康或財富，同時也包括衝突的引爆點，像是非常突發的危機，暴衝、暴怒的行為，都是受到羊刃的影響。

陀羅，也同樣代表災難，但它是慢性的災難，指因為壞習慣所逐漸形成的災難，或是隱藏著、看不見的災難。如癌細胞的隱藏、沒有注意到的慢性疾病，生活習慣上的飲食錯誤，或是與人積怨、慢慢累積，最後帶來不可避免的血光危機。同時也包含憂鬱、多慮、躁鬱……這些情緒的累積，也都是由陀羅影響。

而陀羅位在不同宮位，就代表了不同的災難，舉例來說，如先生的夫妻宮有陀羅，表示老婆容易找他麻煩；陀羅在本命宮，代表有慢性疾病；陀羅在疾厄宮，代表癌症或隱藏疾病。

而有凶就有吉，有好就有壞，另外還有兩顆星曜也屬於年系星，也就是**天魁**、**天鉞**。這兩顆就是貴人星，而這裡的貴人，屬於年長者、有智慧的、資歷深的前輩，能帶著你逢凶化吉。天魁星通常以男性貴人為主，天鉞星則通常以女性貴人為主，有陰陽的差別。但凡看到這兩顆星入了本命，代表貴氣逼人、氣質風度極好，可能面相上有酒窩，多聽長輩的話，能替你逢凶化吉。

星曜特性說明──月系星

月系星，共有四顆星曜：天姚星、左輔星、右弼星、天刑星。這些星曜是以出生年的農曆生月，如一月、二月、三月等，以此類推來看你的運勢。也就是以出生的月份，來論星曜的坐位。例如左輔、右弼每個人都有，但是一個順時鐘跑、一個逆時鐘跑，又因為出生月份的不同，導致每個人的坐落宮位會不同。

首先介紹**天姚星**，天姚是一顆大桃花星，我們會說「天姚入命、入流年，招手就能成親」。如前述所提，每個人都有這顆星，只是看你出生的月份，坐落的宮位不同。所以許多藝人、政商名流都是看天姚星，來推算出結婚的好時機、好流年。

當天姚坐落在不同位置，你的運勢就會有不同的變化。假設天姚坐落在你豬年的福德宮，就代表這一年中，你吃喝玩樂、遊戲、運動等活動都可以有好的桃花。若天姚進入本命宮，代表你異性緣非常好，天姚一進入流年，代表該年會左摟右抱，追求者、愛慕者都眾多。

再來，如果一個人的流年中遇到**左輔、右弼**，表示他很會搞笑、很會模仿，笑語如珠，談吐間幽默風趣，十分迷人。所以，有時有些人長得其貌不揚，但人脈卻非常好，異性緣極佳，就可能有左輔、右弼跟著本命。若跟著流年，代表他那年會特別活潑、迷人，思緒非常跳躍。

左輔、右弼也代表平輩的緣分。如果本命遇到，或者流年遇到，多跟平輩接觸，那麼財源就能廣進。最重要的重點，請各位要記得，左輔、右弼表示左呼右應，甚可說是一呼百應、人脈好，而且代表幽默、風趣，事業有商譽，工作認真，依靠朋友可以打天下，群眾魅力良好。

最後，人都會有生老病死、受傷跌倒等意外狀況，這要看的，就是天刑星。**天刑星**，代表的是血光、刀傷、官司，代表會有很多爭執，以及想法、觀念上的衝突，甚至拔刀相向。而血光，包含剖腹生產、微整形，都屬於可不避的小刀。天刑星坐落本命，該擔心破相，而坐落流年，該年就要注意血光。

星曜特性說明——時系星

時系星，就是與時辰產生關聯的幾顆星，以此來推論我們的未來運勢。包含我們有沒有破財的危機、和親人的感情好壞與否，這些都是可以看出來的。而這四顆時系星，分別是：天空、地劫和文昌、文曲。

天空星，「空」代表突如其來的大破財，例如去賭博卻全盤皆輸，或者股票、樂透全部沒中獎，也就是指太多貪念造成的瞬間破財。地劫，代表慢性惡習的破財，例如說抽菸，看似不大的消費，卻是長期存在、累積、不斷增加的消費；或是慢性疾病，不斷看醫生；或是蒐集成癖，不斷花錢，也包含股票進進出出，漸漸形成的金錢浪費。總而言之，地劫會一直不斷地挖走你的財富。

舉例來說，如果地劫星出現在先生的夫妻宮，先生可能要支付老婆無止無盡的贍養費。如果天空星出現在福德宮，代表你可能一擲千金，豪賭一場，最後導致家破人亡。這就是這兩顆星的特性。

接著，就要介紹這兩顆非常多讀者會詢問的星：**文昌、文曲星**。有很多讀者會想知道讀書運好不好、才華有沒有辦法得到延伸發展，就是看這兩顆星。

文昌，代表有執照的部分。高考、普考、醫生、建築師，這些都屬於文昌。文曲，代表的則是運動、畫畫、雕刻、美術。像張大千是藝術大師，但沒有畫畫的執照，他的才華就屬於文曲。而老師我也沒有命理師的執照，僅能算是特殊才能，也屬於文曲。

舉例來說，如果兄弟姊妹宮有文昌，代表你的兄弟姊妹比你還會讀書。奴僕宮有文曲，代表朋友會找你去吃喝玩樂，帶你進入另一個花花世界，會有口福、眼福、耳福、享福。如果你本命帶文曲，那麼你就是才華出眾，且才藝過人，有特殊才能，可能會去參與奧運比賽，而相關才藝比賽，你都會出類拔萃。

最後，時系星、月系星和年系星的重點，也在此整理給大家：

	福星	須注意
年系星	天魁、天鉞、祿存	羊刃、陀羅
月系星	左輔、右弼、天姚	天刑
時系星	文昌、文曲	天空、地劫

本書對於二〇一九年紫微斗數的解析，就是依靠星曜的特性去編排，藉由命宮的流年轉變，來算出各位的運勢。祝福各位在新的一年，都能提前掌握自己的運勢，逢凶化吉，平安順利。

Chapter 1

豬年運勢排行榜

二〇一九年，金豬年即將到來！
究竟是哪些人能在新的一年裡獲得先機，
得到發光發熱，或者是需要特別注意的一年呢？
這一章將八大運勢的前三名做了總整理，讓你先看先贏！

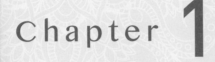

從天姚星看桃花最多前三名

巳
遷移宮
午
疾厄宮
未
財帛宮
8月
No 3
申
子女宮
辰
奴僕宮
9月
No 2
酉
夫妻宮
桃花最多 No.1：農曆出生月份 11 月
宜主動追求，成家好事跟著來。
桃花最多 No.2：農曆出生月份 9 月
追求者眾多，桃花一朵一朵接著開。
桃花最多 No.3：農曆出生月份 8 月
子女運勢佳，可望添子添孫。
卯
官祿宮
戌
兄弟宮
寅
田宅宮
丑
福德宮
子
父母宮
11月
No 1
亥
本命宮

桃花的代表星是天姚星。天姚星屬於月系星，主管魅力與吸引力，具體而言也就代表能左右我們的愛情與姻緣。當天姚星坐落在不同的宮位，就會為我們的桃花運勢帶來變化。如果有想要結婚或是認識新朋友的人，不妨多多留意喔。

從左輔星、右弼星
看人脈最多前三名

巳
遷移宮
午
疾厄宮
4月 No 2
未
財帛宮
3、5月 No 3
申
子女宮
辰
奴僕宮
酉
夫妻宮
卯
官祿宮
戌
兄弟宮
寅
田宅宮
丑
福德宮
子
父母宮
8、12月 No 1
亥
本命宮
人脈最多 No.1：農曆出生月份 8、12 月
人脈拓展佳，升官發財不是夢。
人脈最多 No.2：農曆出生月份 4 月
學習共同奮戰，便能財源廣進。
人脈最多 No.3：農曆出生月份 3、5 月
有朋友有健康，廣結善緣。

與人脈最相關的星曜，當屬「左輔星」、「右弼星」。同樣屬於月系星的左輔右弼星，象徵著左呼右應，因此這兩顆星的人脈，指的是來自平輩朋友的貴人。當這兩顆星走到你的流年，代表你這一年群眾魅力極佳，朋友貴人源源不絕。

從天刑星
看血光最多前三名

9月
No 3
巳
遷移宮
10月
No 2
午
疾厄宮
未
財帛宮
申
子女宮
辰
奴僕宮
酉
夫妻宮
血光最多 No.1：農曆出生月份 3 月
官司血光多，捐血捐款來破解。
血光最多 No.2：農曆出生月份 10 月
慢性疾病易復發，生活作息要注意。
血光最多 No.3：農曆出生月份 9 月
減少外出遠行機會，在家最安心。
卯
官祿宮
戌
兄弟宮
寅
田宅宮
丑
福德宮
子
父母宮
3月
No 1
亥
本命宮

天刑星，代表的是血光、刀傷、官司，在生活中會產生很多爭執，以及想法、觀念上的衝突，甚至拔刀相向。天刑坐落本命，該擔心破相，而坐落流年，該年就要注意血光。包含剖腹生產、微整形等，都屬於可不避的小刀。

從文昌星、文曲星
看功名最旺前三名

功名最旺 No.1：未、亥時
考運官運都亨通，揚名立萬好機會。

功名最旺 No.2：未、亥時
考運官運都亨通，揚名立萬好機會。

功名最旺 No.3：卯時
吉星高照，智慧財能綿延而久遠。

「文昌星」、「文曲星」，分別代表文憑與巧藝。文昌，代表有執照的部分，高考、普考、醫生、建築師，這些都屬於文昌。文曲，代表的則是運動、畫畫、雕刻、美術等個人特殊才能的部分。

從天空星、地劫星
看破財最兇前三名

巳 遷移宮
午 疾厄宮
辰、申時 No 2.3
未 財帛宮
申 子女宮
辰 奴僕宮
酉 夫妻宮
破財最兇 No.1：子時
避免投資，金錢運用容易血本無歸。
破財最兇 No.2：辰、申時
破財連連，加薪無望。
破財最兇 No.3：辰、申時
破財連連，加薪無望。
辰、申時 No 2.3
卯 官祿宮
戌 兄弟宮
寅 田宅宮
丑 福德宮
子 父母宮
子時 No 1
亥 本命宮

天空星的「空」代表突如其來的大破財，指的是太多貪念，因而造成的瞬間破財。地劫星的「劫」則代表慢性惡習的破財，例如說抽菸、慢性疾病等，不斷花小錢，漸漸形成的金錢浪費，讓你的錢財在不知不覺中被劫走。

從祿存星
看財運最旺前三名

尾數6、8 No 3
巳
遷移宮
午
疾厄宮
未
財帛宮
申
子女宮
辰
奴僕宮
酉
夫妻宮
財運最旺 No.1：農曆出生西元年尾數 2
財星高照，鴻運當頭。
財運最旺 No.2：農曆出生西元年尾數 5
升官發財，職場上大顯身手。
財運最旺 No.3：農曆出生西元年尾數 6、8
財神在遠方，勿故步自封。
尾數5 No 2
卯
官祿宮
戌
兄弟宮
寅
田宅宮
丑
福德宮
子
父母宮
尾數2 No 1
亥
本命宮

祿存星就是錢財星，就如福祿壽喜，「祿」就代表了多金，也代表錢財可期，以及「享受」和「好福報」，也代表吃穿不愁、物慾上的滿足。只要個人流年的祿存星走到好的宮位，就要好好把握這一年財神爺給你的機會。

從天魁星、天鉞星
看貴人運最旺排名

巳
遷移宮
午
疾厄宮
尾數4、8、0 No 3
未
財帛宮
申
子女宮
辰
奴僕宮
酉
夫妻宮
貴人運 No.1：農曆出生年尾數 6、7
配偶是貴人，事業能獲得新發展。
貴人運 No.2：農曆出生年尾數 2、3
貴人相助，升官發財指日可待。
貴人運 No.3：農曆出生年尾數 4、8、0
貴人帶領你高升，能獲得特殊榮耀。
尾數2、3 No 2
卯
官祿宮
戌
兄弟宮
寅
田宅宮
丑
福德宮
子
父母宮
尾數6、7 No 1
亥
本命宮

天魁星、天鉞星就是貴人星，而這裡的貴人，屬於年長者、有智慧的、資歷深的前輩，能帶著你逢凶化吉。天魁通常以男性貴人為主，天鉞通常以女性貴人為主，有陰陽的差別。多聽長輩的話，就能替你逢凶化吉。

從羊刃星、陀羅星
看疾厄最多前三名

巳
遷移宮
午
疾厄宮
尾數7、9 No 3
未
財帛宮
申
子女宮
辰
奴僕宮
疾厄最多 No.1：農曆出生年尾數 3
煩惱多慮不快樂，切記別鑽牛角尖。
疾厄最多 No.2：農曆出生年尾數 4
職場發揮空間小，放開心胸別想太多。
疾厄最多 No.3：農曆出生年尾數 7、9
留意戶外活動傷害，易有金錢損失。
酉
夫妻宮
尾數4 No 2
卯
官祿宮
戌
兄弟宮
寅
田宅宮
丑
福德宮
子
父母宮
尾數3 No 1
亥
本命宮

羊刃星代表迅雷不及掩耳的災難，會瞬間奪走你的身體健康或財富，同時也包括衝突的引爆點，暴衝、暴怒的行為，都是受到羊刃的影響。陀羅是慢性的災難，指因為壞習慣所逐漸形成的災難，或是隱藏著、看不見的災難。

Chapter 2

從農曆出生月看桃花、人脈、血光運勢

新的一年，桃花、人脈與血光到底又發生什麼變化呢？
只要按照星曜特性，分析天姚、左輔、右弼與天刑，
再搭配每個人不同的農曆出生月，
就可以輕鬆知道豬年的三大運勢，
讓你吉星高照、逢凶化吉！

總論

農曆生月

1

月

桃花運勢 ★★★

人脈運勢 ★★★★

血光運勢 ★★★

事業有成靠朋友，小心配偶血光

農曆一月生的人，要特別注意自身的自省及感覺。

豬年想要有好桃花運，請跟著自己感覺走，多多外出休閒、結識朋友，是一個在愛情上注重心靈成長的一年。此外，豬年你的人脈運勢位在兄弟宮與奴僕宮，相當不錯，代表你如果想要在事業上有所增長，甚至是挑戰，你一定要試著與平輩、晚輩朋友合作，也不要吝嗇於接受朋友的好意及建言，因為「朋友」就是你今年的大貴人。

不過，在農曆一月生的人，豬年要特別小心血光波及到配偶，也叫做配偶血光。可能是配偶的身體健康亮黃燈而不自覺，或是與配偶特別容易發生爭執，這都是你需要適時注意的。

1月 桃花運勢

代表星曜：天姚星

所處宮位：福德宮

風水區域：休閒室、工作室

開運方式：金屬製飾品、風鈴

農曆一月出生的人，你的桃花星坐落在豬年的福德宮。福德代表吃喝玩樂，也代表運動、休閒。在農曆一月出生的朋友，如果想要有好桃花就必須了解哪裡有桃花，你就必須往那個方向去。

同時「福德」也代表了我們的智慧跟思緒。在空閒的時間，不妨去尋找一種羅曼蒂克的氛圍吧！也不失為一個找到桃花的方向。你這一年會不時在思考著愛情，所以這份愛情是屬於精神上的、心靈相通的，而不屬於肉身與肉體的。

所以，要記得，當你在打球、游泳、跑步的同時，你已經在戀愛了！藉由這個管道，你會發現，你的真愛會慢慢地、漸漸地，從你身旁出現！這就是農曆一月在豬年追求真愛的最佳方法。

桃花強運秘訣

你是否有運動、賽跑的習慣呢？或是想學習畫畫、雕刻、美術呢？還是想從瑜珈或烹飪課程中來找到真愛呢？這就是你該從福德、思緒、靈魂去找到真愛的時刻！

1月 人脈運勢

代表星曜：左輔星、右弼星

所處宮位：兄弟宮、奴僕宮

風水區域：客房、走道／樓梯間

開運物品：貴人合照

農曆一月生的人，左輔星跟右弼星一定坐落在戌跟辰的宮位，正好是兄弟宮和奴僕宮。紫微斗數的左輔星跟右弼星就代表一個人的左右手，它最喜歡進入的就是奴僕宮，也就是朋友宮。

在這一年當中，你說什麼，大家都會拍拍手，跟著你向前走。由於左輔星跟右弼星也代表了左呼右應的意思，當你需要匯集人脈、人力的時候，大家會願意為你齊聚一堂，讓活動順利、聚餐熱絡。

有了一呼百應，你就有千軍萬馬的幫助。在事業、行銷、宣傳方面，得到知名度的提升，你的優點能口耳相傳。農曆一月生的人，在豬年一定能了解借力使力的厲害。

人脈強運秘訣

農曆一月生的人，在豬年，你和兄弟姊妹的互動，絕對會是一加一大於三。部屬、員工、晚輩，都能幫你更加勢，所謂的你上、他推，彼此都能有加分的空間。

1月 血光運勢

巳 遷移宮	午 疾厄宮	未 財帛宮	申 子女宮
辰 奴僕宮			酉 夫妻宮（天刑）
卯 官祿宮			戌 兄弟宮
寅 田宅宮	丑 福德宮	子 父母宮	亥 本命宮

代表星曜：天刑星
所處宮位：夫妻宮
風水區域：主臥房
化解方案：捐血、改善臥房環境

農曆一月生的讀者與朋友，二〇一九年的天刑，就坐落在夫妻宮。有幾種詮釋，有可能是配偶的健康亮紅燈，若掉以輕心，會有小手術變成大手術的可能。但請不要過於擔心，這時可以做些小手術，例如整牙齒、割盲腸、穿耳洞等的小手術或者捐血等來度過危機。

而天刑落在夫妻宮，也有另一種解釋，就是「配偶以刀相向」。這個「刀」並不是真正的刀，可能是一種折磨、要求，或是期許，甚至言詞如刀地傷害你，對你的一切所做所為，都有產生比以往多的抱怨，讓你心如刀割般的疼痛，是一個雙向的危機。基本上，這樣的狀況，我們稱為「配偶有難」。這時藉由更換居家、主臥室的床單來破解，若家中牆壁龜裂、破裂，也建議重新油漆粉刷。

破解血光開運方案

以代表夫妻宮的臥室來說，也可以用芳香來調整，如插花，或者淨化氣場的香氛，以及臥室燈光照明的改善，都對危機化解有幫助。

總論

農曆生月

2月

桃花運勢 ★★★
人脈運勢 ★★★
血光運勢 ★★★

人脈眾多在外地，兄弟血光要留意

農曆二月生的朋友，今年是個平平的一年。但只要好好努力，便可以達到自己的目標。

今年的桃花運和「家」大有關係，因為天姚星落在田宅宮，所以家中的環境請保持整潔、乾淨，否則可能會影響桃花運不說，還可能帶來爛桃花。單身的你，今年的正桃花是由親友介紹，這時不要排斥，勇敢去嘗試吧！另外事業上，很可能遇到你的工作倦怠期，建議往外發展，因為人脈們就在外地！

血光運勢的部分，二月生的朋友今年有兄弟血光，所以二〇一九年和兄弟姊妹的相處、合作需要放更多的心力，避免發生大爭執，也盡量避免有金錢糾紛。

巳 遷移宮	午 疾厄宮	未 財帛宮	申 子女宮
辰 奴僕宮			酉 夫妻宮
卯 官祿宮			戌 兄弟宮
寅 田宅宮（天姚）	丑 福德宮	子 父母宮	亥 本命宮

2月 桃花運勢

代表星曜：天姚星

所處宮位：田宅宮

風水區域：餐廳、居家環境

開運方式：紅色系桌巾

農曆二月生的人，你的天姚星剛好是流年的田宅宮。田宅代表的是居家內部的環境、風水，以及整體的清潔乾淨，這將會成為你豬年桃花的最大考量。

如果你想要有好桃花，可以請家人、親戚朋友幫忙你做介紹與引薦。重點是你的房間、客廳、居家環境、居家外圍，如果有雜亂情形，就必須運用「風水之愛」來處理。也就是藉由風水的調整，如打掃得窗明几淨、井井有條來改變氣場。

另一種可能，當你已經有對象，你好想愛他、好想娶她，那麼也許你就可以考慮下定決心買下一間房子。藉由房子的力量，來獲取對方的真愛，或者迎娶對方，房子會是你加分的助跑力量。

桃花強運秘訣

當田宅宮跟天姚綁在一起，就要趕快打掃你的房間，把環境弄得香噴噴的，不要惡臭連連，讓好風水帶來好氣場，包含床位、胎位，都一起改善，就會發現桃花朵朵開。

2月 人脈運勢

巳 遷移宮（右弼）	午 疾厄宮	未 財帛宮	申 子女宮
辰 奴僕宮			酉 夫妻宮（左輔）
卯 官祿宮			戌 兄弟宮
寅 田宅宮	丑 福德宮	子 父母宮	亥 本命宮

代表星曜：左輔星、右弼星

所處宮位：夫妻宮、遷移宮

風水區域：主臥室、大門外／客廳前

開運物品：聚寶盆、鹽燈

農曆二月出生的朋友，你們的左輔、右弼落在流年的夫妻宮跟遷移宮。如果你未婚的話，代表你的人脈是藉由朋友介紹的，而且喜歡你的人不只一個，你可能會享齊人之福。但這是禍、是福，自己要多加三思。

其次，因為你的左輔、右弼也會坐落在二〇一九年的遷移宮，也許你在出生地、或是目前的居住地，已經產生一種無力感，這時你如果遇到出差、遠行，或是有到遠去他鄉的機會，不要猶豫，在外地有很多貴人會向你招手，希望能幫你打拚、出力，讓你出名。也就是說，在原地可能隻身一人，但在外地就是千軍萬馬喔！所以，注意，在這個時候，如果要找助力，記得要遠離他鄉。

人脈強運秘訣

夫妻宮有左輔、右弼的人，因為追求者眾多，容易使你意亂情迷，頭昏腦脹，有時候也會影響到原先的愛情，這點要多加注意。建議在主臥室擺放聚寶盆或鹽燈來維持良好氣場。

2月

血光運勢

巳 遷移宮	午 疾厄宮	未 財帛宮	申 子女宮
辰 奴僕宮			酉 夫妻宮
卯 官祿宮			天刑 戌 兄弟宮
寅 田宅宮	丑 福德宮	子 父母宮	亥 本命宮

代表星曜：天刑星
所處宮位：兄弟宮
風水區域：客房
化解方案：牡丹花、向日葵的圖騰

農曆二月生的人，代表血光的天刑永遠落在「戌」的宮位，二〇一九年，它正好坐落在兄弟宮，這表示與兄弟姊妹間的感情，可能有一刀兩斷的危機，也可能是兄弟姊妹的身體健康有礙，甚至是有小手術、打針、吃藥的危險。同時，兄弟姊妹間的爭執、惡言相向，更可能形成以刀相向的互動。

藉由天刑可以看出，你的兄弟姊妹在豬年，將會陷入水深火熱之中。也許他們會出現官司問題，而在能力所及之內，你能去幫忙當然很好，但是，切記不要和兄弟姊妹有太多金錢的互動，包含合夥賺錢、一起做生意等，在豬年都容易因錢財而反目成仇。

破解血光開運方案

針對居家風水的客房、樓梯間和走道，可以擺設牡丹花、太陽花、向日葵的圖騰，可化解兄弟姊妹反目成仇的混濁怒氣，對整個流年運勢是加分的。

總論

農曆生月

3月

桃花運勢 ★★★
人脈運勢 ★★★★
血光運勢 ★★★★★

血光在本命宮，今年多捐血、捐善款

農曆三月生的朋友，今年比較需要留意的是血光的部分，豬年的流年血光在你的本命宮，因此可能會收到比較多的罰單、甚至是官司糾紛等麻煩事。但無需過於擔心，如果有一些小手術，可以安排在今年，利用醫療上的小血光化解大血光。也可以多多捐血做善事，化解壞運氣。

桃花運的部分，請多留意身邊的同事朋友，因為真愛可能就近在眼前，豬年你將有很大機會談一場職場戀情、校園戀情。不過也要注意，避免涉入有家室的老少戀或者長輩戀情喔！

最後人脈的運勢，今年你的朋友將是你的好良醫，當身體出現狀況，不要太擔心，聽朋友的就對了！

3月 桃花運勢

巳 遷移宮	午 疾厄宮	未 財帛宮	申 子女宮
辰 奴僕宮			酉 夫妻宮
卯 官祿宮（天姚）			戌 兄弟宮
寅 田宅宮	丑 福德宮	子 父母宮	亥 本命宮

代表星曜：天姚星

所處宮位：官祿宮

風水區域：書桌／辦公桌

開運方式：鮮花、花朵圖騰

農曆三月生的讀者朋友，天姚星今年剛好是落在官祿宮。

官祿宮是俗稱的事業宮與學業宮，也就是代表職場的宮位。當天姚與官祿綁在一起，有什麼特殊的效應呢？簡單的說，我們稱之為職場戀情、校園戀情的絕佳時機。可能會涉入一點老少愛、長輩愛，在豬年都是有可能發生的。

當然，要追求愛情的你，也分為已婚和未婚。未婚的人在校園中，追求者眾多，桃花朵朵開，彷彿是一隻蝴蝶飛來飛去，很多人追著你跑。如果你是一位在職的已婚社會人士，你的客戶、朋友、同事，都暗藏了無法預期的桃花喔。

桃花強運秘訣

周遭環境的朋友同事們，可能正在暗示你、追求你，你卻渾然不知，那麼你會就錯過今年的桃花了。因此，如果有人對你示好，可以考慮點頭答應唷。建議在書桌、辦公桌擺放新鮮花卉或者花朵圖騰的物品，吸引正緣！

3月

人脈運勢

巳 遷移宮	午 疾厄宮（右弼）	未 財帛宮	申 子女宮（左輔）
辰 奴僕宮			酉 夫妻宮
卯 官祿宮			戌 兄弟宮
寅 田宅宮	丑 福德宮	子 父母宮	亥 本命宮

代表星曜：左輔星、右弼星

所處宮位：子女宮、疾厄宮

風水區域：小孩房／後陽台、廁所

開運物品：黃金葛、壁燈

農曆三月生的朋友，疾厄宮有左輔、右弼是什麼情況呢？人都會面臨到生老病死，生活中難免會跌倒受傷、手術、意外，在你突如其來跌倒時，有人扶你一把，我們就稱為健康的朋友。當你遇到病痛時，會遇到很好的朋友，推薦給你優秀的醫生，成為化解病痛的助力。身體不好時，不訪問問身邊朋友，就有機會遇到好醫生，更有機會因為治病，而變成好朋友唷。

其次，為什麼人脈會和子女宮相關呢？從單純面來看，與小朋友廣結善緣，人脈變好，和朋友、同學、同事的互動也自然會變好。另一個解釋是，你若想多生一兒一女，在這一年當中，伴侶受孕的機會也是大增喔！恭喜你！

人脈強運秘訣

記住，人脈幫助健康，健康依靠朋友！身體好，人脈自然來！在居家風水上，當你的左輔右弼在疾厄宮，你可以在廁所擺放土種黃金葛及壁燈，散去晦氣。

3月
血光運勢

巳 遷移宮	午 疾厄宮	未 財帛宮	申 子女宮
辰 奴僕宮			酉 夫妻宮
卯 官祿宮			戌 兄弟宮
寅 田宅宮	丑 福德宮	子 父母宮	亥 本命宮（天刑）

代表星曜：天刑星
所處宮位：本命宮
風水區域：客廳
化解方案：捐血、微整形

農曆三月生的讀者朋友，你們的天刑星坐落在豬年的本命宮，這把刀，就直接插進了各位的本命。但是也不必過度驚慌，在命理中的刀，代表的是一種折磨、小血光，或是我們所稱的小手術。而天刑，也可能指的是罰單或官司問題。

既然進入了本命，大家可以考慮先從自身的小危機來進行破解。藉由微整形、植牙，包含捐血、穿耳洞等小見血來進行危機的化解。在豬年，天刑星坐落在本命的人，可能在打鬧嬉笑、騎車運動中，都暗藏無法預期的流血事件。尤其交通事件將會特別多，更要注意小心慢騎。

在戶外休閒的部分，請盡量避免在人潮稀少的場所，進行有危險性的活動；盡量在明亮、視線清明、人多的地方進行才會安全。

破解血光開運方案

捐血有化解血光危機的功效，建議大家在新的一年多多投入善舉，助人也助己喔。

總論

農曆生月

4月

桃花運勢 ★★★
人脈運勢 ★★★★★
血光運勢 ★★★

錢財左呼右應，但紅色炸彈也多

農曆四月生的朋友，今年是你事業上有大批助力的一年！

人脈運勢走到財帛宮，代表你的人脈將會帶給你大批的錢財！也等於事業上適合與朋友共同創業、合作，避免獨自創業、談簽約。二〇一九這一年，你忙於事業，感情上似乎缺少了一些，你會發現今年結婚的朋友特別多，錢賺得多，但包出去的也多啦！想要有好桃花，建議多多參加朋友的聚會吧！

血光運勢今年在父母宮，簡而言之，就是父母可能會有血光災，請多留心提醒父母的安全，請檢視居家環境，將意外傷害的可能性降到最低。

4月 桃花運勢

巳 遷移宮	午 疾厄宮	未 財帛宮	申 子女宮
辰 奴僕宮（天姚）			酉 夫妻宮
卯 官祿宮			戌 兄弟宮
寅 田宅宮	丑 福德宮	子 父母宮	亥 本命宮

代表星曜：天姚星

所處宮位：奴僕宮

風水區域：樓梯間／走道

開運方式：百合花、牡丹或是荷花的圖騰

農曆四月生的讀者朋友們注意啦！你的天姚星坐落在辰的宮位，也就是二〇一九年的奴僕宮。

這代表什麼意思呢？其一是，朋友結婚者多，你會被紅色炸藥炸昏頭；其二，可能是同事、晚輩談戀愛，你在旁邊偷看，垂涎三尺，但是苦無方法。其三，你可以藉由朋友聚會與人脈關係，去提升本年的愛情並廣結善緣。

除了朋友能帶來更多的桃花之外，居家環境的客房、樓梯間、走道，也要貼上百合花、牡丹或是荷花的圖騰，能增加你人際關係的好運。同時，水能載舟，亦能覆舟，切記此時不要得罪朋友，不要和朋友惡言相向，對你的桃花也有加分空間。

桃花強運秘訣

當朋友談戀愛時，如果你想增加自己的桃花，可以加入朋友們舉辦的聚會，只要積極參與，都能讓你廣結善緣。與朋友、同事、部屬多互動，就能增加好桃花！

4月 人脈運勢

代表星曜：左輔星、右弼星

所處宮位：財帛宮

風水區域：廚房

開運物品：金鹽燈

農曆四月的讀者，你的左輔右弼落在財帛宮，代表錢財左呼右應，資金調度沒有任何困難，也代表你財源廣進。例如說，這個朋友幫你賺錢、那個朋友帶來資訊，另一個朋友為你東奔西跑。藉由部屬、朋友的奔波辛勞，你能夠從中獲利。千萬不要單打獨鬥，但是也切記有福同享，有難同當！你要思考如何讓大家共享你的利益，才能創造共生共利，共同成就的好機會。

商場上，你得到的資訊也會特別多，在工作上，你可以放手一搏，將能從中獲得應有的財富與地位。如果你面臨選舉、競爭的困難，千萬不要一個人進行談判，要藉由朋友的支持、力挺，讓大家能對你共同支援，增加你的影響力。

人脈強運秘訣

廣結善緣，勇敢外出，多與朋友應酬交際，因為朋友會帶給你更多的建議、更多的舞台、商機，帶來意想不到的財富。

4月 血光運勢

代表星曜：天刑星

所處宮位：父母宮

風水區域：孝親房

化解方案：浴室保持乾燥、加設樓梯扶手

農曆四月的讀者，本身的天刑星坐落在流年的父母宮。

顧名思義，爸媽的健康容易亮紅燈，血光、手術可能難逃。也可能是在居家跑步、爬樓梯時，造成老人家病痛、流血的危機。從另一個思考層面，則可能指的是親子、親緣的關係會比較薄弱。可能因為你出差、移民、留學……遠離家鄉，進而跟父母的距離會忽近忽遠。

天刑星在流年的父母宮中，容易對父母造成傷害，同時也更要提醒父母，在每個月、每天，有任何危害到健康的行為、活動，都要小心翼翼。父母在整個年度中，小毛病恐怕難逃，大手術則要小心，包括自己容易受傷的幾個居家風水問題，也要小心。

破解血光開運方案

浴室保持乾燥，樓梯的扶手要做調整，出外庭院打掃、天台整理等等，當天氣不好時，盡量待在家中，才能避免老人家的病痛發生。

總論

農曆生月

5月

桃花運勢 ★★★

人脈運勢 ★★★★

血光運勢 ★★★

姻緣桃花在外地，身體健康靠朋友

農曆五月生的朋友，今年你會需要有自制力和決心。

天姚星在遷移宮，代表如果你豬年想要有開花結果的好戀情，需要離開熟悉的環境，往外地發展。一到外地，你的桃花將會讓你意想不到的朵朵盛開喔！人脈的部分，因為在疾厄宮，代表今年你如果有健康上的問題，問朋友準沒錯！有可能會因為身體健康的關係，找到一個助你良多的好貴人。

血光則要注意不要過於沉迷休閒運動，例如追劇整夜、較危險的戶外活動，甚至是賭博等不良嗜好，都要有良好的自制力，懂得分辨是非，避免過度沉溺。

5月
桃花運勢

代表星曜：天姚星
所處宮位：遷移宮
風水區域：大門外、客廳前
開運方式：花草植物

農曆五月的讀者朋友們，你的天姚星一定是在「巳」的宮位，坐落在二〇一九年的遷移宮。顧名思義，遷移就是去遠方，去了出生地以外，或是離住家很遠的地方，而越遠，桃花的力量會越強。可能你現在正準備到國外移民，或在外地出差，這時你是形單影隻的過去，還是攜伴前往呢？要記得，你的桃花運，已經開始發酵了喔。

也許你去的地方是一個陌生的環境，但是農曆五月生的朋友們會發現，突如其來的，一到那邊，你彷佛就魅力四射，追求者變得很多、很多。

所以，農曆五月生的朋友，如果你還處於顧影自憐、小姑獨處的狀況，找機會遠離出生地，只要是去外面晃晃、旅遊，都會是你不可多得的好機會。

桃花強運秘訣

記得居家環境的客廳門前，還有前陽台，都要打掃乾淨，保持通暢，沒有濁氣，不要有枯木、垃圾的擺放，那麼你的出外桃花運就會更好！

5月 人脈運勢

巳 遷移宮	午 疾厄宮（右弼）	未 財帛宮	申 子女宮（左輔）
辰 奴僕宮			酉 夫妻宮
卯 官祿宮			戌 兄弟宮
寅 田宅宮	丑 福德宮	子 父母宮	亥 本命宮

代表星曜：左輔星、右弼星

所處宮位：子女宮、疾厄宮

風水區域：小孩房／後陽台、廁所

開運物品：黃金葛、壁燈

農曆五月生的朋友，疾厄宮有左輔、右弼是什麼情況呢？人都會面臨到生老病死，生活中難免會跌倒受傷、手術、意外，在你突如其來跌倒時，有人扶你一把，我們就稱為健康的朋友。當你遇到病痛時，會遇到很好的朋友，推薦給你優秀的醫生，成為化解病痛的助力。身體不好時，不訪問問身邊朋友，就有機會遇到好醫生，更有機會因為治病，而變成好朋友唷。

其次，為什麼人脈會和子女宮相關呢？從單純面來看，與小朋友廣結善緣，人脈變好，和朋友、同學、同事的互動也自然會變好。另一個解釋是，你若想多生一兒一女，在這一年當中，伴侶受孕的機會也是大增喔！恭喜你！

人脈強運秘訣

記住，人脈幫助健康，健康依靠朋友！身體好，人脈自然來！在居家風水上，當你的左輔右弼在疾厄宮，你可以在廁所擺放土種黃金葛及壁燈，散去晦氣。

5月

血光運勢

巳 遷移宮	午 疾厄宮	未 財帛宮	申 子女宮
辰 奴僕宮			酉 夫妻宮
卯 官祿宮			戌 兄弟宮
寅 田宅宮	丑 福德宮（天刑）	子 父母宮	亥 本命宮

代表星曜：天刑星

所處宮位：福德宮

風水區域：工作室／休閒室

化解方案：宜靜不宜動，不冒險

這一年，農曆五月出生的朋友，從精神層面上，會是一個鑽牛角尖、痛苦不堪，甚至胡思亂想的一年。整個人的思緒彷彿千刀萬剮，很多事情都會有莫名的恐慌、恐懼。

從肉體、肉身來解釋的話，農曆五月生的人，因為天刑卡到了福德宮，福德代表了休閒，包含運動、登山、競技、遊戲等比賽，危險可能就在你身旁。登山可能滑倒、游泳可能肢體受傷，與人打球的同時，過於激進，也可能會造成傷害。包含開快車，或者長途跋涉，體力不勝負荷，都是因為過度投入興趣與嗜好的關係。而抽菸、喝酒、熬夜、打麻將等，這些不良的休閒，都可能形成你的血光危機。

破解血光開運方案

可以藉由信仰來提升自己，不管是耶穌基督，還是釋迦摩尼佛，或者阿拉，都能夠安定靈魂，來解除精神上的危機。

總論

農曆生月

6月

桃花運勢 ★★★★
人脈運勢 ★★★
血光運勢 ★★★★

身體健康好轉，姻緣跟著來

農曆六月生的朋友，今年的運勢有好有壞。好的是你長久以來的宿疾，或是工作上的困境可望在今年獲得改善，讓你的身體變得強健、有活力，因而也吸引到桃花接近！創造身體健康、又幸福快樂的生活。人脈方面，建議多往外地發展，如果有出差的機會，不要錯過！因為今年外地有你千軍萬馬的人脈。

血光運勢的部分，六月生的朋友要注意的是「居家風水血光」！家中如果有年久失修的區塊，或是老舊的設備，請特別留意，因為你今年的血光特別容易在家中發生。

6月 桃花運勢

代表星曜：天姚星
所處宮位：疾厄宮
風水區域：廁所
開運方式：清理整潔，保持芳香

農曆六月出生的朋友，你可能之前身體不是很好，欲振乏力，甚至工作壓力很大，導致體衰身弱。這個狀況，在前幾年表現空間很小，很可能你想努力卻都失不上力，甚或是有努力了卻看不到效果。但到了今年，可以靠養生、滋補，或者透過健康檢查與好的醫學科技，讓你身強體健、身壯如牛。

這時候，你要表現你個人桃花的魅力，就會力有從心，而不再是力不從心啦！健康就是財富，健康也是幸福，很多恩愛的夫婦、情人，有時因為身體的虛弱，房事的不順，都會影響愛情。或是有朋友有慢性疾病，也會不敢去追求喜愛的對象。

但在這一年當中，過去的小病痛、小危機，都能夠慢慢地化解。有健康的身體，就會擁有健康的愛情。

桃花強運秘訣

留意居家床位的擺設、廁所混雜的臭氣不要外溢，都是風水結合流年的正面建議！

6月 人脈運勢

代表星曜：左輔星、右弼星

所處宮位：夫妻宮、遷移宮

風水區域：主臥室、大門外／客廳前

開運物品：聚寶盆、鹽燈

農曆六月出生的朋友，你們的左輔、右弼落在流年的夫妻宮跟遷移宮。如果你未婚的話，代表你的人脈是藉由朋友介紹的，而且喜歡你的人不只一個，你可能會享齊人之福。但這是禍、是福，自己要多加三思。

其次，因為你的左輔、右弼也會坐落在二〇一九年的遷移宮，也許你在出生地、或是目前的居住地，已經產生一種無力感，這時你如果遇到出差、遠行，或是有到遠去他鄉的機會，不要猶豫，在外地有很多貴人會向你招手，希望能幫你打拚、出力，讓你出名。也就是說，在原地可能隻身一人，但在外地就是千軍萬馬喔！所以，注意，在這個時候，如果要找助力，記得要遠離他鄉。

人脈強運秘訣

夫妻宮有左輔、右弼的人，因為追求者眾多，容易使你意亂情迷，頭昏腦脹，有時候也會影響到原先的愛情，這點要多加注意。建議在主臥室擺放聚寶盆或鹽燈來維持良好氣場。

6月 血光運勢

巳 遷移宮	午 疾厄宮	未 財帛宮	申 子女宮
辰 奴僕宮			酉 夫妻宮
卯 官祿宮			戌 兄弟宮
寅 田宅宮（天刑）	丑 福德宮	子 父母宮	亥 本命宮

代表星曜：天刑星

所處宮位：田宅宮

風水區域：餐廳

化解方案：保持窗明几淨、空氣流通

農曆六月生的朋友，天刑星坐落在豬年流年的田宅宮。田宅宮怎麼會有血光呢？居家房子怎麼會流血呢？不是這樣解釋的，它代表所有的家人，都可能因為病痛而造成很多麻煩與困擾。

從不同角度來看，居家有傷痛，有所謂的遠行傷痛、旅行傷痛，以及職業傷害，還有風水病，也就是居家的環境！需要注意是否有設備不良呢？爬個樓梯、跑個步，可能地滑；小孩子睡覺掉到床下，可能跌破頭；或者只是小小的清掃庭院，都有可能跌倒。

或者可能是居家的一些飾品、掛物，突然掉下來而受傷；或是食用的蔬果食材沒有保持乾淨，吃下去得到疾病。今年請你一定要特別注意這樣的狀況。

破解血光開運方案

保持一個窗明几淨、空氣流通的好環境，才能遠離流年風水病。並汰換家中的老舊設備，裝置防護設備，達到安全的居家空間。

總論

農曆生月

7月

桃花運勢★★★★
人脈運勢★★★★
血光運勢★★★★

愛情與麵包兼得，工作借助朋友力量

農曆七月生的朋友，今年請放心好好談一場戀愛吧。

天姚星在財帛宮，代表你會有一個無需擔心金錢的桃花運，可能因此變美、變帥，或者談一場和富家公子千金的多金戀愛！職場方面，你會得到朋友的支持，而這些支持將為你帶來人脈財，今年在工作上，請務必結合眾人的力量，才能讓你心想事成。

但工作還是要量力而為，因為二〇一九年的天刑星正巧位在官祿宮，代表你有可能會因為太過於勉強自己而有職業傷害，記得，切勿好大喜功，穩穩的在自己的崗位上發揮為佳。

7月 桃花運勢

巳 遷移宮	午 疾厄宮	未 財帛宮（天姚）	申 子女宮
辰 奴僕宮			酉 夫妻宮
卯 官祿宮			戌 兄弟宮
寅 田宅宮	丑 福德宮	子 父母宮	亥 本命宮

代表星曜：天姚星

所處宮位：財帛宮

風水區域：廚房

開運方式：百合或者牡丹

農曆七月生的朋友，你的天姚星坐落在未宮，剛好就是豬年流年的財帛宮。錢財和桃花為什麼會綁在一起呢？第一種解釋，代表你賺了非常多的錢，但會為了追求愛情而裝扮自己，讓追求者眾多。例如說化妝、去做微整形，或者買漂亮的衣服穿。

第二種解釋，我們稱之為「錢財桃花」，指的是「多金的愛情」，代表這一年當中，你可能會追到或被追，且對方是金龜婿或富家千金。多金的愛情，代表有錢追求愛情，或者由愛情來得到錢，這兩者是互為因果的不斷互動著。

「錢財桃花」也有一個特殊的優勢，通常它代表的是你會遇到身價、財富、社會地位都比你好的人，也代表未來你不會因為談戀愛而大破財。

桃花強運秘訣

建議在廚房或與桃花相關的主臥室財位，擺上百合或者牡丹，讓你的好桃花更加旺盛！

7月 人脈運勢

巳 遷移宮	午 疾厄宮	未 財帛宮	申 子女宮
辰 奴僕宮（左輔）			酉 夫妻宮
卯 官祿宮			戌 兄弟宮（右弼）
寅 田宅宮	丑 福德宮	子 父母宮	亥 本命宮

代表星曜：左輔星、右弼星

所處宮位：奴僕宮、兄弟宮

風水區域：走道／樓梯間、客房

開運物品：貴人照片

農曆七月生的朋友，左輔星跟右弼星一定坐落在戌跟辰的宮位，正好是兄弟宮和奴僕宮。紫微斗數的左輔星跟右弼星就代表一個人的左右手，它最喜歡進入的就是奴僕宮，也就是朋友宮。

我們希望在工作職場上都有好的人脈與聲譽，那就需要朋友們的支持，而由朋友支持所帶來的財富，就是人脈財。人脈的重要在於廣結善緣，當你得到好的口碑，就會帶來好的信用，你的財富自然滾滾來。

有時出外工作，單打獨鬥將會非常辛苦，你要記得結合眾人的力量，包含兄弟、朋友、部屬、晚輩、長輩的支持，在豬年中，你可以借力使力，使你在職場上的發揮得心應手，更加心想事成。

人脈強運秘訣

在客房、走道擺上貴人照片，便能象徵貴人湧入，提升你的人脈運勢。並多多增加和平輩、晚輩的互動，成效絕對是一加一大於三。

7月 血光運勢

巳 遷移宮	午 疾厄宮	未 財帛宮	申 子女宮
辰 奴僕宮			酉 夫妻宮
卯 官祿宮（天刑）			戌 兄弟宮
寅 田宅宮	丑 福德宮	子 父母宮	亥 本命宮

代表星曜：天刑星

所處宮位：官祿宮

風水區域：書桌／辦公桌

化解方案：凡事量力而為，穩重發揮即可

農曆七月生的朋友，本身的天刑星，將會坐落在豬年的官祿宮。

在這樣的狀況下，在校園中，與朋友的互動、談吐，不要得罪他人，也不要刻意欺負別人，以免引來不必要的毆打、暴力事件。職場上，長期姿勢不良，將會觸發關節、視力、腰骨疼痛的毛病。如果你的工作模式比較屬於追求速度的產業，更要注意，才能避免不必要的血光。

居家職場的血光，通常指暗而不明，形成工作上的傷害。例如說傷眼睛、傷體力、不必要的切割傷、撞擊傷。跟職場受傷有關的，除了體力上的傷害，與人互動、激烈的爭論，都可能發生危害。

破解血光開運方案

在職場上千萬小心，量力而為，穩重在自己崗位上進行發揮，才是保平安的最好選擇。

總論

農曆生月

8月

桃花運勢 ★★★★
人脈運勢 ★★★★★
血光運勢 ★★★

子女有望成家，升官發財讓你大有可為

農曆八月生的朋友，今年的個人運勢能讓你笑開懷。

天姚星落在子女宮，若是早已成家立業、子女漸長的朋友，今年很有機會家有喜事！子女將會步入家庭，或者終於盼得好的對象！在人脈運方面，今年是你最豐收的一年，長官很容易看到你的努力，替你升官加薪，你也因此能借力使力，將能力有所發揮，獲得掌聲好評。

血光的部分，你本身很可能沒問題，但需要注意子女、晚輩的健康，特別是交通方面的碰撞事故，也是你今年要特別留意的！

8月
桃花運勢

巳 遷移宮	午 疾厄宮	未 財帛宮	天姚 申 子女宮
辰 奴僕宮			酉 夫妻宮
卯 官祿宮			戌 兄弟宮
寅 田宅宮	丑 福德宮	子 父母宮	亥 本命宮

代表星曜：天姚星

所處宮位：子女宮

風水區域：小孩房／後陽台

開運方式：壁燈、盆栽

農曆八月生的朋友，你的桃花是坐落在子女宮。

子女宮代表孕育生命，但也是性方面的互動。有許多年紀大的讀者看到自己的天姚落在子女宮，就很疑惑地想：我已經年老色衰了，哪裡來的性生活呢？那可能代表的是你的子女在今年結婚、成家的機會大增。也代表至少在今年中，你的小孩談戀愛的機會大增。

沒有孩子的讀者，代表你在房事、床事方面，會技術提升，讓喜歡的對象讚不絕口，也代表你追求性愛的機會很大。這是屬於短暫的肉體之愛，而不是真正的羅曼蒂克之愛。所以，子女宮有天姚星，代表你今年也許沒有羅曼蒂克的愛情，但你和喜歡的人在魚水之歡的同時，你將是一個人人稱羨的佼佼者。

桃花強運秘訣

後陽台是你桃花強運的關鍵。把後陽台整理乾淨，如果不夠明亮，建議裝上壁燈，並且要經常開啟，再加上一點盆栽增加生命力。

8月 人脈運勢

代表星曜：左輔星、右弼星

所處宮位：官祿宮、本命宮

風水區域：書桌／辦公桌、客廳

開運物品：鮮花、花朵圖騰

農曆八月生的讀者朋友恭喜你了，因為屬於人脈的左輔星跟右弼星，一定坐落在你豬年的本命宮與官祿宮。

官祿宮有左輔、右弼，代表有很大的機會可以升官發財，而且能率軍奮戰，你背後會擁有千軍萬馬。在工作上，不再孤軍奮戰，而且也因為職務的提升，讓你掌握權力的可能性更大，能得到更多同事客戶的支持。今年對於農曆八月生的朋友來說，是一個可以借力使力，好好發揮的流年舞台。

其次，因為本命中有左輔、右弼，也代表你自己在這一年當中，人脈將會拓展。藉由朋友的介紹，你人際關係的提升將會無可限量。同時，也有機會使你進入更高層次的人脈圈。

人脈強運秘訣

人脈就是錢脈，在這一年中，多交朋友，多參加朋友聚會，多涉略許多團體，你會發現，你能獲得更多掌聲。

8月 血光運勢

農曆八月生的讀者們，本身的天刑星坐落在奴僕宮。天刑代表受傷，奴僕表示部屬、晚輩、學弟、學妹或是小朋友，這個狀況，代表這些人會受到影響，身體可能受到傷害，是健康堪憂的流年。

而八月生的讀者們，除了關心、提醒之外，當面對與他們一起從事危險工作、參與休閒活動的時候，更要小心翼翼。以免對方有受傷的危機，帶動你一起受傷，共同都受到傷害的苦痛，造成雙向損失的遺憾。

奴僕宮本身帶刀，代表你與朋友打鬧嬉笑、杯酒言歡的時候，甚至是打麻將、玩遊戲的時候，都可能一言不合，怒目相向，報以老拳、互相毆打，產生不必要的暴力事件，千萬要注意。

破解血光開運方案

奴僕帶天刑，還有一個注意點，就是騎車開車，可能有發生碰撞的交通事故，或是因而不爽，就以拳相待。注意要隨時心平氣和，冷靜謹慎。

總論

農曆生月 9月

桃花運勢 ★★★★
人脈運勢 ★★★
血光運勢 ★★★★

被動桃花朵朵開，外出危險多留意

農曆九月生的朋友，今年宅在家就能有好桃花、保平安！

豬年你的天姚星落在夫妻宮，代表你的桃花會自己送上門來！想追求你的人很多，其中更有你未來的另一半！人脈部分，你可以多向父母求助，因為你今年的人脈來源，就是父母的人脈，更是你的錢財助力！他們將會拓展你的人際關係，得到不可多得的貴人。

血光方面，你的天刑星落在遷移宮，代表你要注意的血光意外多是居家以外的區域，應該盡量避免外出遠行，這也是為什麼今年你需要多多宅在家的原因。

9月 桃花運勢

農曆九月生的朋友們，如果你未婚，要注意啦！天姚星到夫妻宮，代表一個大大的桃花，表示想要追求你的人、成為你配偶的人會非常多，我們稱之為「被動桃花」。

對未婚的朋友來說，是一個選擇心儀新對象的好流年。那已經結婚的人呢？有兩種解釋，第一，表示夫妻的愛仍然非常羅曼蒂克，恩愛如初。配偶對你的認同與肯定，都不斷提高，在各方面都會撒嬌、關懷。第二，是夫妻感情原本不穩定，但遇到了這個「被動桃花」，就會產生婚外情的糾葛，例如遇到突如其來的一夜情。

所以無論是已婚還是未婚的朋友，遇到這個流年，建議都要有所拿捏，才能把桃花的狀況做更好的釐清。

桃花強運秘訣

臥室要保持整潔，避免臭氣橫生，甚至佈滿塵霾，床位不要對沖廁所，燈光不要太過陰暗，這些濁氣都可能把正桃花變成爛桃花！

9月 人脈運勢

代表星曜：左輔星、右弼星

所處宮位：田宅宮、父母宮

風水區域：餐廳，孝親房

開運物品：鹽燈、觀音佛像

農曆九月生的朋友，左輔星在父母宮，喜的是父母人脈拓展，知名度提升，父母的工作得到朋友幫助，能向上期待。而且當你遭遇到職場、學業上的挫折，你希望更多朋友能幫上你，你可以求助你的父母，你父母的人脈，就是你的錢脈，也是你的助力。

而右弼星坐落在田宅宮，代表增加購買房子的機會。當有朋友介紹好的個案，你可以斟酌自己的財力做選屋、購屋，會大大加分。也可能是透過朋友的幫忙，將你居家的風水環境、裝潢擺設都重新調整。或增添更多合適的家電，幫你田宅運勢加分。且也代表家人的互動，會如朋友一般。這是一個提昇家族事業、朋友合夥的好運勢。

人脈強運秘訣

可以在孝親房放上開運圖騰或觀音佛像，透過神明庇護家人的意向來增加運勢。走道和樓梯間則是保持乾淨，並且擺上鹽燈，照亮你的人脈運。

9月 血光運勢

巳 遷移宮（天刑）	午 疾厄宮	未 財帛宮	申 子女宮
辰 奴僕宮			酉 夫妻宮
卯 官祿宮			戌 兄弟宮
寅 田宅宮	丑 福德宮	子 父母宮	亥 本命宮

代表星曜：天刑星
所處宮位：遷移宮
風水區域：大門外／客廳前
化解方案：打掃乾淨、保持明亮

農曆九月生的朋友，本身天刑星坐落在遷移宮。遷移宮就是外地、遠鄉、遠地，既然豬年帶有血光，就表示你可能跑步、運動、騎車、出差，都危機四伏。此時你必須小心謹慎，留意搭乘的交通工具、前往的地方環境好壞，例如：你即將出差的國家是否有流行病呢？在人生地不熟的外地，是否有更多受傷或意外的危機？

天刑在遷移宮代表你需要關注居家以外的血光事件。當然，罰單與官司也暗藏在無可預知的狀況中。

重點是該如何從風水上來調整呢？居家大門前面一定要保持淨空，包含前院也盡量淨空，不要暗而不明，會導致枯木不逢春，出外厄運連連的危機。

破解血光開運方案

將居家的陽台、客廳門前保持乾淨、明亮，切勿堆積雜物、垃圾。外出遠行時，可以與有福分的朋友同行，降低血光危機。

總論

農曆生月

10

月

桃花運勢 ★★★
人脈運勢 ★★★
血光運勢 ★★★★

和朋友吃喝玩樂之餘，也要留心身體健康

農曆十月生的人，豬年一定要多跟平輩朋友、同事、同學相聚，因為他們就是你今年的貴人。

今年你會有很多朋友邁向人生的下一段旅程：「婚姻」；但還是單身的你，不要擔心，不要怕與朋友相約見面，因為你的好桃花就是靠著朋友而來！你這一年很適合和朋友吃喝玩樂，你可以從這些活動中獲取許多好運氣，朋友也都會義氣相挺，是個豐富的一年。

不過，在農曆十月生的人，狗年你的天刑星落在疾厄宮，要小心身體慢性疾病的復發，因此在生活飲食上要多加留意，不要過度飲酒熬夜。

10月
桃花運勢

代表星曜：天姚星

所處宮位：兄弟宮

風水區域：客房

開運方式：保持淨空，裝上壁燈

農曆十月生的朋友照過來，你的桃花一定坐落在戌宮位，正是流年的兄弟宮。表示你的兄弟姊妹、同班同學、同事，這些與你是平輩的人，他們一定是喜事連連。

且因為朋友們談戀愛，你也有參與其中的機會，千萬不要拒絕可能發展的機會，而且還要勇於參與。如果你渴望追求愛情，今年一定要找好朋友一起討論、傾訴，在朋友談戀愛的同時，他們的運勢也會分一杯羹給你，或是朋友也有很可能會自接介紹好的愛情對象。

只要努力沾上朋友的喜氣，就會得到好的桃花。否則你只能不斷收喜帖，一直看別人談戀愛。所以，今年你的愛情是來自人脈，由人際關係的互動，來產生愛情的運勢。

桃花強運秘訣

如果家中有客房，包含樓梯間、走道，都要保持整潔淨空，或裝上壁燈，都能更照耀你的愛情，讓桃花運勢一片光明！

10月 人脈運勢

巳 遷移宮	午 疾厄宮	未 財帛宮	申 子女宮
辰 奴僕宮			酉 夫妻宮
卯 官祿宮			戌 兄弟宮
寅 田宅宮	左輔 右弼 丑 福德宮	子 父母宮	亥 本命宮

代表星曜：左輔星、右弼星

所處宮位：福德宮

風水區域：工作室／休閒室

開運物品：紅地毯、銅板

農曆十月生的朋友，你的左輔、右弼一定坐落在丑的宮位，跟著你一輩子，是固定的位置，而今年是來到福德宮。

福德，指的就是畫畫、雕刻、藝術，以及你的思想、判斷，包含你的靈魂，以及你的壽命。既然你的左輔、右弼坐落在福德宮，代表你要去划船、登山、游泳、跑步，你絕不可能單獨行動，一定是和群眾一起享樂。學習任何的課外活動，會得到更多人的認同。也可以透過結合朋友的力量，得到殊榮、獎勵。

千萬不要自己在家中冥想，要透過與朋友相聚，一起創造發明。包含我們所說的美食、創作、音樂、室內設計、各類運動的投入等，都是今年享受的機會。而朋友也會為你帶來口福、眼福。

人脈強運秘訣

用5X5公分的紅布，貼在收藏品或是休閒用品後；也可腳踩紅地毯，都會提升好運氣。此外，也可於工作桌桌面上放五枚銅板，象徵財運橫生，讓人脈財跟錢財一樣增生。

10月 血光運勢

巳 遷移宮　午 疾厄宮（天刑）　未 財帛宮　申 子女宮

辰 奴僕宮　酉 夫妻宮

卯 官祿宮　戌 兄弟宮

寅 田宅宮　丑 福德宮　子 父母宮　亥 本命宮

代表星曜：天刑星

所處宮位：疾厄宮

風水區域：廁所

化解方案：保持整潔、安放鹽燈

農曆十月生的朋友，豬年的天刑，竟然坐落在疾厄宮。那表示你會因為自身的疾病而挨刀。

除了靠運動、飲食、藥物來控制身體健康之外，從事過度激烈的運動，或是身體無法負荷的工作，日以繼夜的熬夜，喝酒、賭博，這些都會讓舊病復發，並且在豬年會有加重惡化的危機。因此，在生活飲食上，也必須要多加留意。

從風水角度來看，和健康最有關的，當然是慢性疾病最常發生的泌尿系統。記得要把廁所保持乾淨、燈光明亮，並且規劃擺放鹽燈。廚房盡量不要陰暗無光，在廚房的窗前不要安裝抽風機，擋住陽光。居家房間如果有惡臭，也要趕快清理，讓氣場更淨化。

破解血光開運方案

安排小手術、微整型、捐血，透過醫療體系的協助，產生小血光，化解天刑的帶刀血光。

總論

農曆生月

11月

桃花運勢 ★★★★★
人脈運勢 ★★★
血光運勢 ★★★★

愛情需要主動追求，工作則保守為上

農曆十一月生的人，在愛情上請衝鋒陷陣，但工作上請好好防守，以身體健康為要。

天姚星落在本命宮的你，今年將是一隻主動採蜜的蝴蝶，很可能你遇到了心目中不可多得的對象，讓你的態度比以往更加積極。在今年，父母的意見也很重要，因為豬年的人脈就掌握在父母手中，有問題、需要建議時，請多多請教父母吧！

不過，今年你的天刑星落在財帛宮，代表你可能「為錢搏命」，讓身體健康出現狀況。工作上或許有能賺錢升遷的機會，但健康才是最重要的，否則賺了錢，卻都交給醫生，得不償失。

11月 桃花運勢

巳 遷移宮	午 疾厄宮	未 財帛宮	申 子女宮
辰 奴僕宮			酉 夫妻宮
卯 官祿宮			戌 兄弟宮
寅 田宅宮	丑 福德宮	子 父母宮	亥 本命宮（天姚）

代表星曜：天姚星
所處宮位：本命宮
風水區域：客廳
開運方式：擺放鮮花、花卉圖片

農曆十一月生的朋友，當天姚星落在本命宮，代表假設你原本是一位溫文儒雅、待人謙和的人，但到了豬年，你可能就會如蝴蝶採蜜一般，主動追求異性，並且穿著打扮會更加華麗，談吐也會變得舌燦蓮花。針對異性的追求，不會錯失任何良機，特別是遇到喜歡的對象，會盡全力，甚至是不擇手段的主動追求。

天姚落在本命宮，代表了「主動桃花」，表示你要主動追求真愛，也會因為你求偶的意願提高，結婚、與人同居的可能性也會大大提升。反過來說，如果你追求的人是農曆十一月出生的，你平常追求不到他，可是到了豬年，因為他主動追求的慾望變強，你就要盡快接近他，就更有可能功德圓滿、好事成雙。

桃花強運風水

在客廳擺上荷花、百合或牡丹，或是掛上花卉的圖片或畫作也可以，讓客廳百花齊放，就能花開富貴，早結連理。

11月 人脈運勢

巳 遷移宮	午 疾厄宮	未 財帛宮	申 子女宮
辰 奴僕宮			酉 夫妻宮
卯 官祿宮			戌 兄弟宮
寅 田宅宮（右弼）	丑 福德宮	子 父母宮（左輔）	亥 本命宮

代表星曜：左輔星、右弼星

所處宮位：父母宮、田宅宮

風水區域：孝親房、餐廳

開運物品：鹽燈、觀音佛像

農曆十一月生的朋友，左輔星在父母宮，代表父母人脈拓展、知名度提升，父母的工作得到朋友幫助，能向上期待。而且當你遭遇到職場、學業上的挫折，如果需要幫助，你可以求助於你的父母，因為父母的人脈就是你的錢脈，也是你的助力。

而右弼星坐落在田宅宮，代表增加購買房子的機會。當有朋友介紹好的個案，你可以斟酌自己的財力，做選屋、購屋，會大大加分。也可能是透過朋友的幫忙，將你居家的風水環境、裝潢擺設，都重新調整。或增添更多合適的家電，幫你田宅運勢加分。且也代表家人的互動，會如朋友一般。這是一個提昇家族事業、朋友合夥的好運勢。

人脈強運風水

在孝親房放上開運圖騰或觀音佛像，透過神明庇護家人的意向來增加運勢。餐廳則是保持整齊，並且於財位擺上鹽燈，照亮人脈運。

11月 血光運勢

巳 遷移宮	午 疾厄宮	未 財帛宮（天刑）	申 子女宮
辰 奴僕宮			酉 夫妻宮
卯 官祿宮			戌 兄弟宮
寅 田宅宮	丑 福德宮	子 父母宮	亥 本命宮

代表星曜：天刑星
所處宮位：財帛宮
風水區域：廚房
化解方案：健康第一，別要錢不要命

農曆十一月生的朋友，你的病痛危機，坐落在你的財帛宮。這表示你為了賺錢，會流血、流汗，如果流了太多血，在豬年，你可能會小命不保。這就是所謂的「為錢搏命」。

為了錢，你整個體力可能無法負荷，過度操勞，俗稱的「過勞死」就可能發生在你身上，非常危險。賺錢與開刀，兩者結合在一起，表示你賺再多錢，可能都要支付醫療的費用。所以，今年農曆十一月生的朋友，一定要注意，不要為了錢而過度勞累，也不要為了錢和別人以刀相向，甚至搏鬥、毆打，官司纏身。

而在豬年，你一定要記得，這些問題的源頭，都是金錢糾紛，或是追逐金錢過度投入，而導致血光。

破解血光開運方案

切記，錢可以賺，但是要視自己的健康狀況，量力而為。不執著於錢財，也盡量避免各種與金錢有關的糾紛，才能安然度過豬年。

總論

農曆生月

12月

桃花運勢 ★★★
人脈運勢 ★★★★★
血光運勢 ★★★

人際關係佳，升官發財不是夢

農曆十二月生的人，今年你的人脈運勢極佳！請好好把握、盡全力發揮！

豬年的左輔右弼星落在你的本命及官祿宮，這樣不可多得的好位置！你將不需再孤軍奮戰，將會有大力的人脈靠山支持你，讓你能沒有後顧之憂地發揮。愛情運上，則是要多多討好長輩，因為長輩是你今年最棒的媒人，只要有長輩的力挺，你的愛情之路將能有如神助。

最後是血光方面，如果是懷孕的婦女，要小心有流產的危機；有小孩的人則要注意孩童的安全病痛，甚至是口語衝突。

12月 桃花運勢

巳 遷移宮	午 疾厄宮	未 財帛宮	申 子女宮
辰 奴僕宮			酉 夫妻宮
卯 官祿宮			戌 兄弟宮
寅 田宅宮	丑 福德宮	子 父母宮（天姚）	亥 本命宮

代表星曜：天姚星
所處宮位：父母宮
風水區域：孝親房
開運方式：精油

農曆十二月出生的讀者朋友，天姚星坐落在你流年的父母宮。首先，代表你父母的異性緣非常好，但是父母也可能各自有爛桃花，需要注意並多加觀察。同時，也表示了在感情方面，父母輩、長輩的牽引、介紹，你千萬不要錯過。

另外還有一種可能，就是你可以對喜歡對象的父母多下工夫，讓對方父母對你的支持度提高，增加好事成雙的機會。這是一個「長輩之愛」的流年，在這一年當中，你必須懂得掌握到長輩對你的力挺，才能得到加分的助力。

當然，因為天姚代表了桃花，落在父母宮，也表示父母的裝扮會開始變得比較時尚，因為他們也一起投入了這個羅曼蒂克的氣氛中啦！

桃花強運風水

既然桃花在父母宮，請務必去打理孝親房。房內不能有晦氣、濕氣、臭氣跟煙味，會影響父母感情。建議點上精油，讓香氣四溢，抵擋外頭的不好氣味。

12月 人脈運勢

巳 遷移宮	午 疾厄宮	未 財帛宮	申 子女宮
辰 奴僕宮			酉 夫妻宮
卯 官祿宮（右弼）			戌 兄弟宮
寅 田宅宮	丑 福德宮	子 父母宮	亥 本命宮（左輔）

代表星曜：左輔星、右弼星

所處宮位：本命宮、官祿宮

風水區域：客廳、書桌／辦公桌

開運物品：鮮花、花朵圖騰

農曆十二月生的讀者朋友恭喜你了，因為屬於人脈的左輔星跟右弼星，坐落在你豬年的本命宮與官祿宮。

官祿宮有左輔、右弼，代表有很大的機會可以升官發財，而且能率軍奮戰，你背後會擁有千軍萬馬。在工作上，不再孤軍奮戰，而且也因為職務的提升，讓你掌握權力的可能更大，得到更多同事客戶的支持。今年對於農曆十二月生的朋友來說，是一個可以借力使力，好好發揮的流年舞台。

其次，因為本命中有左輔、右弼，也代表你自己在這一年當中，人脈將會拓展。藉由朋友的介紹，你人際關係的提升將會無可限量，也會因為朋友的介紹，使你進入更高層次的人脈關係圈。

人脈強運風水

人脈就是錢脈，在這一年中，多交朋友，多參加朋友聚會，多涉略許多團體，你會發現能比以往獲得更多掌聲。

12月 血光運勢

巳 遷移宮	午 疾厄宮	未 財帛宮	申 子女宮（天刑）
辰 奴僕宮			酉 夫妻宮
卯 官祿宮			戌 兄弟宮
寅 田宅宮	丑 福德宮	子 父母宮	亥 本命宮

代表星曜：天刑星

所處宮位：子女宮

風水區域：小孩房／後陽台

化解方案：不要擺兵器類玩具，注意整潔

農曆十二月出生的讀者朋友，你的天刑星坐落在流年的子女宮。如果你是受孕婦女，要小心流產的危機。子女宮帶刀，也可能是已婚夫妻的孩子有病痛危機，甚至小朋友的個性比較容易執著，造成親子互動上的衝突。

在居家風水中，孩子的房間不要擺太多兵器類的玩具，或是刀具類的擺設，且房間要記得不可雜亂無章，或是垃圾橫生，形成晦氣、臭氣。同時，如果小孩的房間有養寵物的話，一定要做空氣淨化的處理。

小孩房間的風水，不只影響小孩的健康，也會連帶影響親子間的互動。小孩過得不好，大人絕對過得也不好。小孩健康，家庭和樂，大人也會健康。

破解血光開運方案

如果是待產婦女，建議以剖腹生產，比較加分，讓它破得其所，安全地度過血光。

Chapter 3

從出生時辰看功名、破財

新的一年，大家都希望能求得功名、減少破財，
而破解的玄機，就藏在你出生的時辰裡！
利用時系星，看看豬年自己的文昌文曲星在哪裡，
就能掌握好運勢，升官發財！

從文昌星、文曲星，看你豬年的功名前途在哪裡？

紫微斗數中的文昌星、文曲星都屬於時系星，代表考試運與功名前程。

文昌代表文憑、執照，文曲則代表特殊才藝、才華，這兩顆星決定了一個人在功名前途上的表現。而每個人都有的這兩顆星，會因為每個人出生的時辰不同，落在不同的宮位。

到底豬年中，你的文昌、文曲星在哪個宮位呢？又該如何增強功名運勢，讓你豬事大吉大利呢？快點找出你出生的時辰，繼續往下研究吧！

功名前途

子時、午時

23:00 ～ 01:00
11:00 ～ 13:00

巳 遷移宮	午 疾厄宮	未 財帛宮	申 子女宮
辰 奴僕宮（文曲）			酉 夫妻宮
卯 官祿宮			戌 兄弟宮（文昌）
寅 田宅宮	丑 福德宮	子 父母宮	亥 本命宮

代表星曜：文昌星、文曲星

所處宮位：兄弟宮、奴僕宮

風水區域：客房、走道／樓梯間

開運祕法：多與朋友互相扶持

朋友就是貴人，互相扶持添好運

文昌、文曲決定了我們的考試運，與我們是否能聲名大噪息息相關。針對子時、午時出生的朋友們，你本身的文昌、文曲坐落在兄弟宮和奴僕宮。

在新的一年，如果你想要聲名遠播、聲名大噪、考運亨通，能給你最大助力的方式，就是與同學一起研習功課，與同事一起研究發明。和朋友在一起，你就能創造好名聲。因為近貴得貴、近富得富，大家一定要互相扶持，才能創造一個無可取代的好業績。

你必須借力使力，與其只靠自己的思緒判斷，不如與朋友一同思索。有一些無法解決的疑難雜症，一定要求助於同學或同事，你就能獲得更多智慧，吸收之前所沒有的知識。

功名提升建議

書房、客房一定要擺上百合花，並且用室內精油來提升氣場。讓好朋友、好同事，都能為你提供幫助！

功名前途

丑時、巳時

01:00～03:00
09:00～11:00

巳 遷移宮（文曲）	午 疾厄宮	未 財帛宮	申 子女宮
辰 奴僕宮			酉 夫妻宮（文昌）
卯 官祿宮			戌 兄弟宮
寅 田宅宮	丑 福德宮	子 父母宮	亥 本命宮

代表星曜：文昌星、文曲星

所處宮位：夫妻宮、遷移宮

風水區域：主臥房、大門外／客廳前

開運祕法：多聽從另一半建議

伴侶的智慧，就是你的財富

針對丑時、巳時出生的朋友們，你的文昌、文曲坐落在遷移宮和夫妻宮。

要參加考試的朋友們，無論是任何種類的考試，學生大考、國家考試、甚至證照考試等等，只要是離開出生地到外地，你就會擁有好的考運。一樣的，以就學來說，假設你今年要考國外的入學考試也很有機會能錄取。

而夫妻宮中有文昌、文曲，代表配偶、枕邊人、愛人都會給你智慧的提醒，在這一年中，請多多聽取另一半的建議，就能讓你茅塞頓開，讓陷入阻礙的你，突破困境。

功名提升建議

「聽某嘴、大富貴」，在這一年中，丑時、巳時出生的朋友們，應該要多多聆聽另一半的意見，那都是智慧的分享喔。也可以在主臥房內擺上鹽燈，讓好運氣的氣場更穩定。

功名前途

寅時、辰時

03:00～05:00
07:00～09:00

巳	午（文曲）	未	申（文昌）
遷移宮	疾厄宮	財帛宮	子女宮
辰 奴僕宮			酉 夫妻宮
卯 官祿宮			戌 兄弟宮
寅 田宅宮	丑 福德宮	子 父母宮	亥 本命宮

代表星曜：文昌星、文曲星
所處宮位：子女宮、疾厄宮
風水區域：小孩房、廁所
開運祕法：貼開運春聯、多運動

子女學業大有斬獲，自身健康需多注意

出生時辰是在寅時和辰時的朋友，你的文昌、文曲坐落在子女宮和疾厄宮。在流年當中，子女宮有文昌、文曲，代表孩子的學習能力在這一年可望提升，尤其在特殊才華的表現上會得到殊榮，且考試運比預期更好。

而疾厄宮與健康相關，當這裡出現文昌、文曲，代表你身體富健，因為文曲代表富足，所以會使你身體的受傷、病痛減到最低。又或者是代表你飽讀詩書，能時常得到克服病痛的資訊，讓你免除病痛的危機。

這兩個時辰生的朋友，除了關心孩子的學習過程外，更要關心自己的健康。針對不當的飲食睡眠習慣，經由書籍來獲得智慧，就能讓你獲得健康。

功名提升建議

小孩房貼上開運的春聯，加強孩子考運，而添購運動器材，也可以提升自己的健康，強迫自己有運動的習慣，就能遠離病魔。

功名前途

卯時

05:00～07:00

巳	午	未	申
遷移宮	疾厄宮	財帛宮（文曲、文昌）	子女宮
辰 奴僕宮			酉 夫妻宮
卯 官祿宮			戌 兄弟宮
寅 田宅宮	丑 福德宮	子 父母宮	亥 本命宮

代表星曜：文昌星、文曲星

所處宮位：財帛宮

風水區域：廚房

開運祕法：鹽燈

吉星高照，智慧財綿延而久遠

出生時辰是在卯時的朋友，你的文昌、文曲固定坐落在未的宮位，正好是流年的財帛宮。

代表今年你的考運亨通，升官考試容易通過，執照容易取得，更有機會因為你的文憑而得到更多肯定，甚至有加薪、拿獎金的機會；讓你的文化財、文藝財、智慧財能夠延綿而久遠，不會輕易中斷。

針對沒有規畫要考試的人呢，可能在某種運動休閒上，容易得到殊榮與獎狀。如果你有特殊才華，又是在卯時出生，在新的一年裡，也有獲利的大好機會，例如：獎金、獎學金，研究發明的經費補助，都有可能發生。

功名提升建議

今年你會有好的功名，同時也帶動錢財運的提升。卯時出生的朋友，請多多思考今年的財神可能在哪裡，當機會來臨時就能全力以赴，準備數鈔票啦！

功名前途

未時、亥時

13:00～15:00
21:00～23:00

巳	午	未	申
遷移宮	疾厄宮	財帛宮	子女宮
辰 奴僕宮			酉 夫妻宮
卯（文昌） 官祿宮			戌 兄弟宮
寅 田宅宮	丑 福德宮	子 父母宮	亥（文曲） 本命宮

代表星曜：文昌星、文曲星

所處宮位：官祿宮、本命宮

風水區域：書桌／辦公桌、客廳

開運祕法：桌面整齊，擺放書籍

考運官運都亨通，揚名立萬好機會

出生時辰是在未時和亥時的朋友，你的文昌、文曲坐落在今年流年的官祿宮和本命宮。

本命有文昌、文曲，代表智慧大大提升，無論是ＩＱ還是ＥＱ都超越常人，判斷力非常好，學習能力強，吸收能力也佳，得到殊榮與執照都是大有機會。簡而言之，就是考運亨通，也能光榮畢業，或能晉升好的職務，跳脫舊有環境，得到更好的名聲。

由於官祿宮也有文昌、文曲，它與本命宮將會息息相關，為彼此加分。透過這個機會，可以主動去參加各種考試與徵選，而如果不習慣主動，是被動的努力方式，盡守己職、安分守己，也自然會有貴人提拔。

功名提升建議

居家、辦公室、工作環境的桌面，一定要保持整齊，也要記得放上幾本時常閱讀的書，增加書卷氣，也能增加好的考運。

功名前途

申時、戌時

15:00～17:00
19:00～21:00

巳 遷移宮	午 疾厄宮	未 財帛宮	申 子女宮
辰 奴僕宮			酉 夫妻宮
卯 官祿宮			戌 兄弟宮
寅 田宅宮（文昌）	丑 福德宮	子 父母宮（文曲）	亥 本命宮

代表星曜：文昌星、文曲星

所處宮位：田宅宮、父母宮

風水區域：餐廳／孝親房

開運祕法：多請教父母建議

適合買房置產，多向父母求教

出生時辰是在申時、戌時的讀者朋友們，你的文昌、文曲一定交互坐落在子和寅的宮位。這兩個宮位正好是流年的父母宮與田宅宮。

田宅宮有文昌、文曲，代表買屋可成，吉屋高照！當你的居家風水出現好兆頭，同時也代表家人將會齊心創造好的住宅環境。表示在豬年，無論是換屋、購屋，都擁有大好機會，請務必要把握。且因為是文昌、文曲入田宅，你適合選文化特區、學區，在教育場所附近的房子，這對你的運勢來說都是加分的。

因為文昌、文曲也落在父母宮，表示父母在豬年將會是你的智慧之神。很多事情遇到挫折、瓶頸，學習有所阻礙，父母就會是你的智慧貴人。

功名提升建議

居家風水一定要保持窗明几淨，破損的家具要盡快清除，家中的髒污必須一掃而去，才能迎接文昌、文曲帶來的好運。

功名前途

酉時

17:00～19:00

巳 遷移宮	午 疾厄宮	未 財帛宮	申 子女宮
辰 奴僕宮			酉 夫妻宮
卯 官祿宮			戌 兄弟宮
寅 田宅宮	文昌 文曲 丑 福德宮	子 父母宮	亥 本命宮

代表星曜：文昌星、文曲星

所處宮位：福德宮

風水區域：工作室／休閒室

開運祕法：勇於接受挑戰，參加比賽、考試

學習能力強，事業學業功名可期

出生時辰是在酉時的朋友有福了！你今年的文昌文曲，坐落在福德宮。在你學習寫字、畫畫、雕刻、算命、彈琴等從事精神上享受的同時，也會得到靈魂上的富足，心底欲望的滿足。

在新的一年中，你會發現自己的學習不再受到阻礙，且你也會發現自己智慧增長得很快。在原本的職場中，你能輕鬆地超越過去思維，打破以往的困境。學習會得到好的精進，且參加比賽也會得到好的榮耀。

在過程中，你除了將才華發揮得淋漓盡致之外，還可以邊學習、邊得到殊榮，還會帶來學習的錢財。這些都能為你的未來帶來更多的福氣，請務必好好把握。

功名提升建議

要勇於參加比賽，讓特殊才華有場所能發揮，並獲得應有的執照，才能獲得更多的肯定喔。

從天空星、地劫星，看你豬年如何避免破財？

在紫微斗數裡，有兩顆星曜會讓你破財，一顆是「天空星」，表示突如其來的花費，另一顆叫「地劫星」，指的是因為有不好的習慣、慢慢累積而成的漏財。這兩顆星都屬於時系星，因此，想知道自己這兩顆星位在哪個宮位，就必須看出生的時辰，再搭配豬年的流年宮位才能找到。

記好自己的生辰了嗎？趕緊來幫自己和家人、朋友看看豬年的破財運勢！雖然不是每個人都能大富大貴，但能預見漏財的可能，避開突發的花費，仍然度過一個錢財無憂的好年！

破財運勢

子時

23:00～01:00

巳 遷移宮	午 疾厄宮	未 財帛宮	申 子女宮
辰 奴僕宮			酉 夫妻宮
卯 官祿宮			戌 兄弟宮
寅 田宅宮	丑 福德宮	子 父母宮	地劫 天空 亥 本命宮

代表星曜：天空星、地劫星

所處宮位：本命宮

風水區域：客廳

開運祕法：保持乾淨、整潔

不要衝動投資，容易血本無歸

子時出生的朋友們，你的天空、地劫永遠落在亥的宮位，今年落在流年的本命宮。

今年是你大破財的年，這一年中，你會花多、賺多，甚至一毛不留。如果你正在追求愛情，你可能全數花在愛情上，如果你是希望薪資加碼，投資就可能血本無歸。

因此，你要將現金的破壞，轉為非現金的保留。例如把動產改為金庫，把投資改為買房子，甚至把多餘的錢拿去買寶石、黃金。讓你手癢花錢破財的壞習慣，在這一年中，能暫時化為非現金，來年轉賣說不定還有賺錢的好機會。千萬不要貿然玩股票、賭博，或者隨便投資，這都容易血本無歸。

降低破財秘法

在豬年中，你需要注意居家風水，包含你的店面、辦公室，以及各種財庫、財位，請務必要保持乾淨。

破財運勢

丑時、亥時

01:00～03:00
21:00～23:00

巳 遷移宮	午 疾厄宮	未 財帛宮	申 子女宮
辰 奴僕宮			酉 夫妻宮
卯 官祿宮			天空 戌 兄弟宮
寅 田宅宮	丑 福德宮	地劫 子 父母宮	亥 本命宮

代表星曜：天空星、地劫星

所處宮位：兄弟宮、父母宮

風水區域：兄弟姊妹的房間、孝親房

開運祕法：如有門對門，須加裝門簾

家人財務需留意，以孝順累積正能量

丑時、亥時出生的朋友們，你的天空、地劫坐落在流年的兄弟宮與父母宮。

這樣的狀況，有兩種解釋。第一，就是兄弟姊妹投資有難，需要靠你幫助，或者是升學讀書的手足，學費繳不出來，需要你資助。若與兄弟姊妹合夥做生意，容易血本無歸，獲利難期。第二，就是父母的錢財運堪憂，也有可能是指你與父母在豬年中，會分隔兩地，形成疏遠的親子關係。但是，在疏遠的情況下，可能反而能避免破財的危機喔。

這個流年，你容易因為兄弟姊妹、父母的破財而備受牽連。雖然有危機，但也可能是轉機，例如花錢孝順父母，累積正面的能量。

降低破財秘法

父母、兄弟姊妹房間的門，須注意是否有對到廁所，或者門對門的狀況，如有則需要加裝長布簾，化解穢氣的衝撞，才能遠離破財。

破財運勢

寅時、戌時

03:00～05:00
19:00～21:00

巳 遷移宮	午 疾厄宮	未 財帛宮	申 子女宮
辰 奴僕宮			天空 酉 夫妻宮
卯 官祿宮			戌 兄弟宮
寅 田宅宮	地劫 丑 福德宮	子 父母宮	亥 本命宮

代表星曜：天空星、地劫星

所處宮位：夫妻宮、福德宮

風水區域：主臥室、工作室／休閒室

開運祕法：聚寶盆、保持整潔

因配偶而花大錢，自身花費須小心

寅時、戌時出生的朋友們，你的天空、地劫坐落在夫妻宮與福德宮。

在今年造成你破財的原因有兩個：如果是未婚者，可能會買很多金銀珠寶、鑽石瑪瑙，送給心愛的人；有結婚的人，則可能因為老婆投資做生意、娘家急需用錢，或妻子金錢周轉不靈等……總而言之，就是因為配偶而破財。這種因為親人關係所造成的破財，需謹慎注意另一半的動態，如果你發現他們已經要進行冒險的投資，請盡快要求他們踩煞車。

另一個危機，是因為天空、地劫落到了福德宮，福德代表興趣、嗜好，有的人收藏瓷器、古董，喜歡名車，甚至於買精品，在這一年中，也許不能制止你購物，但是請斟酌地買一些保值的東西，讓你的金錢不至於只去不回。

降低破財秘法

可在主臥室、休閒室財位擺放鹽燈或聚寶盆，並將環境打掃乾淨，才能避免破財的危機。

破財運勢

卯時、酉時

05:00～07:00
17:00～19:00

巳 遷移宮	午 疾厄宮	未 財帛宮	天空 申 子女宮
辰 奴僕宮			酉 夫妻宮
卯 官祿宮			戌 兄弟宮
地劫 寅 田宅宮	丑 福德宮	子 父母宮	亥 本命宮

代表星曜：天空星、地劫星

所處宮位：子女宮、田宅宮

風水區域：小孩房／餐廳

開運祕法：保持乾淨通風

為子女破財，買賣房地須留心

卯時、酉時出生的朋友們，你的天空、地劫坐落在子女宮與田宅宮。

天空、地劫星落在田宅宮，表示你會添購居家家電，或是買賣房地無法獲利，也可能是居家風水的財位不佳，全家入不敷出，或是家人投資失敗而被牽連。請務必注意，提醒親友在投資前，三思而後行。破財不怕，怕的是破錯地方。居家如果是換家電、裝潢而破財，因為破得其所，反而可以消解危機。

其次，因為天空、地劫坐落在子女宮，也與子女有關係。如果孩子出國深造、升學、留學，而產生花費，這是往好的方向破財，包含孩子為了補強功課而去補習，這都是加分的。但是如果小孩是因為不良習慣，奢侈消費，都會造成你的破財，需要多加注意。

降低破財秘法

子女房要保持乾淨，注意通風，但要記得風不要太強，易形成財破人不去的狀況。

破財運勢

辰時、申時

07:00～09:00
15:00～17:00

巳 遷移宮	午 疾厄宮	未（天空） 財帛宮	申 子女宮
辰 奴僕宮			酉 夫妻宮
卯（地劫） 官祿宮			戌 兄弟宮
寅 田宅宮	丑 福德宮	子 父母宮	亥 本命宮

代表星曜：天空星、地劫星

所處宮位：財帛宮、官祿宮

風水區域：廚房、書桌／辦公桌

開運祕法：投資保守謹慎，可繳房貸

破財連連加薪無望，投資需保守謹慎

辰時、申時出生的朋友們，你的天空、地劫坐落在官祿宮與財帛宮。

這表示今年你在職場上加薪的機會很低，甚至自己創業也存在危機。就算你想要求財，想要錢滾錢，也都滾不到錢。同時，借錢給別人，也會有去無回。在這年中，你是破財連連的狀況。

但是，破財不怕，怕的是破錯地方。在這一年中，花錢是正常，但要記得，必須花得恰到好處。你可以在今年去買一些自己喜歡的衣服、保值的珠寶，買能夠把錢財保留住的規劃，例如：繳房貸，這時候雖然財不進，但庫可留；把破財改為進庫，也是加分的方式。

降低破財秘法

千萬不要貿然擴編你的事業，例如突然大量進貨、擴編你的廠房，這都是讓你財務亮紅燈的決定，可能面臨大賠錢的危機，不可不慎。

破財運勢

巳時、未時

09:00～11:00
13:00～15:00

巳 遷移宮	午（天空） 疾厄宮	未 財帛宮	申 子女宮
辰（地劫） 奴僕宮			酉 夫妻宮
卯 官祿宮			戌 兄弟宮
寅 田宅宮	丑 福德宮	子 父母宮	亥 本命宮

代表星曜：天空星、地劫星

所處宮位：疾厄宮、奴僕宮

風水區域：廁所／客房

開運祕法：保持客房整潔，可買健康保險

朋友借錢有去無回，當心身體健康

巳時、未時出生的朋友們，你的天空、地劫坐落在疾厄宮與奴僕宮。疾厄宮代表身體亮紅燈，打針、吃藥、看醫生的花費讓你破財。建議可以轉為牙齒矯正、醫美的微整形，這雖然也是破財，但是能讓自己更漂亮，也並未不好。

身體健康的破財，要注意車禍、血光、刀傷、燙傷……這種被動破財。建議你可以轉為「養生破財」。在這一年可以買一些滋養身體的補品等，讓自己身體保養，變得更健康，也是一個選擇。甚至是買一張保險的訂單，就是你養生的訂單，也是讓自己破得其所的方式。

天空地劫落在奴僕宮表示，若有人想向你伸手借錢，一定是有去無回。所以今年請儘量不要借錢給別人。

降低破財秘法

居家風水上，你要留意客房的環境，避免囤積太多雜物，並保持整潔。避免朋友客人來借錢，有去無回。

破財運勢

午時

11:00～13:00

巳 遷移宮（天空、地劫）	午 疾厄宮	未 財帛宮	申 子女宮
辰 奴僕宮			酉 夫妻宮
卯 官祿宮			戌 兄弟宮
寅 田宅宮	丑 福德宮	子 父母宮	亥 本命宮

代表星曜：天空星、地劫星
所處宮位：遷移宮
風水區域：大門外／客廳前
開運祕法：打掃整齊、壁燈常亮

遠行須謹慎小心，財不露白

午時出生的朋友們，你的天空、地劫坐落在流年的遷移宮。代表新的一年，你只要一出門，就要花錢，而且出門出得越遠，就破財破得越多。

為什麼出門會破財呢？因為你會買很多東西，瘋狂的買、卡瘋狂的刷，錢財一瀉千里。除了平常的購物之外，最怕的是到海外投資、買土地、設廠房、批貨，都很可能血本無歸。

或者是穿著一身珠光寶氣出門，卻被偷、被騙。甚至遠方的朋友來借錢，卻有去無回。既然是和外地有關的破財，我們可以用交通方面來做轉化，例如換一部好車，雖然有一定的破財，但可以先幫你異地的破財踩下煞車喔。

降低破財秘法

前陽台、後陽台保持淨空，盆栽要茂盛，最好能創造百花齊放的空間。後陽台請讓壁燈常亮，就能化解外出的破財。

Chapter 4

從農曆出生西元年尾數看貴人、財運、疾厄

想知道你今年的貴人是誰？如何累積財運？避開病痛嗎？
這個章節，詹老師教你用年系星來查找！
利用自己的農曆出生西元年尾數，掌握來年運勢、化險為夷吧！

天魁星、天鉞星在哪裡，找到你豬年的貴人運！

紫天魁星、天鉞星是紫微斗數中的六吉星宿，屬於年系星，代表了每個人的貴人，也稱為「天乙貴人」，也就是指長輩的智慧、年長的貴人。

通常來說，天魁代表年長的男性，象徵直接的支持與鼓勵；天鉞就是年長女性貴人的代表，提供暗地裡或從旁的協助，但並不是絕對的喔。無論是哪一種，這兩顆星都代表了有閱歷、資深的前輩，將會協助你度過難關。

而依照每個人出生年份的不同，天魁星與天鉞星會出現在不同的宮位。接著，就讓我們從每個人的農曆出生的西元年尾數，配合豬年流年命宮、命盤的轉動，來找出會幫助你的貴人在哪裡！讓你掌握自己的助力，在新年更上層樓！

貴人運勢

農曆出生西元年尾數1

代表星曜：天魁星、天鉞星

所處宮位：疾厄宮、田宅宮

風水區域：廁所、餐廳

開運祕法：餐桌以鮮花裝飾

健康狀況穩定，家庭和樂美滿

農曆出生西元年尾數是1的人，你的流年貴人在哪裡呢？本命的貴人一定是在屬馬的宮位跟老虎的宮位，這兩個宮位，正好落在流年的疾厄宮、田宅宮。

疾厄有貴人，表示縱使你有暗疾纏身，或者潛藏的血光，以及重大慢性疾病，在這一年中，你會得到更好的醫療支持與肯定。也會遇到醫療上的進步，使健康得到更穩定的保障。同時，即使你出門在外，遇到突如其來的病痛，也能遇到貴人幫助。

田宅有貴人，就是買賣房地產、添置居家設備，都會很順利，除此之外，家人也能和樂，且包含家人的考試運也會不錯，能得到相關殊榮。

豬年強運建議

餐廳擺上鮮花或掛上花卉照片、畫作，廁所保持通風明亮，都可以提升田宅與子女的運勢，讓家庭更加和樂。

貴人運勢

農曆出生西元年尾數2、3

貴人相助，升官發財指日可待

農曆出生西元年尾數２、３的人，表示兩顆貴人星正好在流年的官祿宮、遷移宮。

簡單來說，職場上會有貴人扶持，你的長官會拉你一把，升官指日可待。在學業上，會得到好老師的肯定、支持與輔導，在工作上，會得到好的客戶，讓你往上發展大有機會。由於貴人扶持在官祿宮，官祿就是事業，因此你的考運也會很好，能透過這個運勢，獲得更多肯定。

其次，升官也要講求方法，如果你不要故步自封，固守故鄉，偶爾創造出外工作的機會，或到外地「假出差、真擇貴人」，就會有意想不到的好事發生。

豬年強運建議

因為你的貴人在遷移宮，所以你一到外地，就可以無往不利、心想事成。新的一年，離開辦公室的遠行、出差，都能夠成功。包含小孩子出國留學、遊學，因為在外地，考運更是亨通。

貴人運勢

農曆出生西元年尾數4、8、0

貴人帶領你高升，能獲得特殊榮耀

農曆出生西元年尾數是4、8、0的人，是古書中記載的「甲戊庚牛羊」，也就是在農曆甲年、戊年跟庚年出生的人，天魁跟天鉞正好落在豬年的福德宮和財帛宮。

福德宮有貴人，代表口福、眼福、耳福，有人會招待你吃好的、用好的。從智慧角度來看，在學習過程中，你的畫畫、雕刻、美術、藝術、運動等，都會得到教練與高人的指點，使你才華提升，得到特殊榮耀。

財帛宮有貴人，表示會因為你長期的努力，得到上司、長輩的肯定，在新的一年中，也許會因為你的長官升官發財，也給你加薪，或者是給你更多權力、更多發揮空間，讓你在職場上能賺更多錢，這就是所謂的「貴人財」。

豬年強運建議

多接近貴人，努力獲得上司與長輩的信任，就能近貴得貴，提升一整年的貴人運。

貴人運勢

農曆出生西元年尾數5、9

父母鼎力支持，孩子功成名就

農曆出生西元年尾數5和9的人，這兩顆貴人星會落在流年的父母宮與子女宮。

父母就是你的貴人，若是學生，父母能給你學習上的提升；若有事業，父母也能給予你贊助、肯定。無論是人脈、社會地位或是金錢，父母都會勇於站在你這邊，給你更多鼓勵。

子女有貴人，如果你是年邁的夫妻，小孩已經長大，代表他們今年開始功成名就、考運亨通，將得到學業或社會上的特殊榮耀，你會以子為貴。甚至因為小孩的幫助，讓你遠離病痛的危機，因為小孩的事業財富，可能會買房、買車給你，這是小孩成為你貴人的新流年。

豬年強運建議

一定要把握這種特殊的好運氣，在豬年中，你必須多接近、孝順父母，提升親子間的互動，才能獲得更多父母的支持。

貴人運勢

農曆出生西元年尾數6、7

配偶帶來人脈財，事業獲得新發展

農曆出生西元年尾數6與7的人，你的貴人，永遠落在豬的宮位（亥）和雞的宮位（酉），正好是流年的本命宮與夫妻宮。

夫妻宮代表配偶、枕邊人將成為你的貴人，表示你能藉由另一半的幫助，工作順利、健康狀況更好，人際關係也能透過愛人的幫助，帶給你更好的財運周轉。簡而言之，因為配偶個人的人脈拓展，能使你沾到喜氣與財運。配偶帶來的貴氣與好運，能幫助你判斷正確。

本命帶有天魁，表示在職場上，你過去可能相當低調、孤獨，但在這一年中，你可能會遇到新的主管，他對你的肯定、對你工作效率的青睞，能夠讓你在職場上有更多發揮，得到更多掌聲，升官發財都指日可待。

豬年強運建議

多聽聽配偶的建議，在這一年中，你就能找到更多貴人。

從祿存星看你豬年的財神爺從哪裡來！

紫微斗數中，掌管財運的星，叫做「祿存星」。「祿存」兩字，代表「錢財存在」，主要作用就是幫助你把錢留下，或是為你帶來更多賺錢的機會，同時也是和氣生財的象徵。

同樣的，每個人也都有這一顆星，只是需要透過農曆出生西元年的尾數來搭配流年，才能找出你在豬年的祿存星宮位。

就讓我們接著來了解，豬年你的錢財會從哪裡來吧！

財運

農曆出生西元年尾數1

代表星曜：祿存星

所處宮位：夫妻宮

風水區域：主臥房

開運祕法：與配偶共事，房間保持整潔

另一半就是錢脈，攜手共創佳績

農曆出生西元年尾數是1的人，你今年的祿存星坐落在夫妻宮。

如果你孤家寡人，就沒有所謂的配偶財、愛人財。但是如果你正在熱戀中，伴侶可能會買好的、昂貴的禮物送給你；又如果你已婚，可能你的另一半會因為工作上賺錢，送你禮物。

換句話說，在這一年當中，你可以跟你心愛的人共同經營事業。原本可能是各自努力，但今年可以集中火力，共同創造商場、職場上的好運，讓能力得到無往不利的發揮。在借力使力的狀況下，你可以透過對方的人脈、智慧、專業，包含他的錢財背景，使你在今年中擁有獲利可期的大好機會。

豬年強運建議

一定要記得，是枕邊人、配偶，有婚姻關係或是同居的對象，這個力量才會更大。在新的一年中，也很容易獲得男朋友、女朋友餽贈的禮物，這就是所謂的「配偶財」「愛人財」。

財運

農曆出生西元年尾數2

代表星曜：祿存星

所處宮位：本命宮

風水區域：客廳

開運祕法：聚寶盆、晶洞

財星高照，鴻運當頭

農曆出生西元年尾數為2的人，也就是壬年生的人，你的財星會落在亥的宮位，也就是豬年流年的本命宮。

本命宮有財星高照，代表你獲利可期，也能大發利市。從這個角度來看，如果你往年有債務的問題，在今年可望能得到解脫、舒緩。由於吉星高照，只要有賺錢的機會，你都能財源廣進，而且會是多方位的賺錢。

你在今年這一年所做的決定，都會超乎你想像的成功。也因為財運當頭，資金的周轉也會順利、做的投資都有所回報。由於今年你的本命就帶財，所以如果要和他人談合作機會，或者是你的創意、人脈……各種方面都暗藏財運喔。

豬年強運建議

財星高照的你，除了賺錢外，也要注意如何預防破財，建議在客廳財位擺放聚寶盆或晶洞！才能進可攻、退可守，創造超乎想像的財富。

財運

農曆出生西元年尾數 3

父母能帶來金援，注意親子關係

農曆出生西元年尾數是 3 的朋友，屬癸年生，財神爺永遠落在子的宮位，正好是豬年流年的父母宮。

今年你的財神爺就是父母，他們是金援你的好幫手。如果你年紀還小，表示父母會幫你買玩具、科技產品、運動器材等；如果你已長大成人，今年若需要父母幫忙，還是得看你自己的造化。平時就要多孝順父母，活絡親子感情。

另種可能是父母將獲得意外錢財、橫財，或者父母在職場上的表現會有大的躍進。因為財神照耀的不是你，而是你的父母，因此在這年中，父母的事業會蒸蒸日上，父母賺錢的版圖，會一直往外延伸。而父母發財，子女分一杯羹，當然是大有機會的。

豬年強運建議

請盡量不要離鄉背井，也不要和爸媽頂嘴，好好孝順為上。親子關係不好的，趁著這個時機進行修復，讓家人關係與財運一起興旺。

財運

農曆出生西元年尾數4

代表星曜：祿存星

所處宮位：田宅宮

風水區域：餐廳

開運祕法：打掃整潔，清理雜物

整頓居家環境，房地產有獲利機會

農曆出生西元年尾數是4的人，是屬於甲年生，所以你的祿存星永遠坐落在寅的宮位，這正好是流年的田宅宮。

田宅，代表家人，今年你們家族的財運會非常亨通。除此之外，也可能因為買賣、租賃、成交房地產，或者介紹投資房地產，以此獲利。你也可以選擇在今年更換居家家電設備，甚至重新翻修裝潢，讓房子擁有好的風水，讓你過得更順心如意，賺錢更得心應手。

今年你能擁有所謂的「田宅財」，舉凡跟房屋、土地相關的種種變動，都能為你帶來獲利。房地產、房屋就是你的「庫」，「庫旺」才能「財旺」。

豬年強運建議

財星坐落田宅宮，表示你的居家環境必須整理，要保持整潔才能迎接好運。如果有房地產生意的成交、買賣機會，也可以評估投入喔。

財運

農曆出生西元年尾數 5

財星入官祿，職場上大顯身手

農曆出生西元年尾數是5的人，農曆中是屬於乙年生的。所有乙年生的人，財神爺一定坐落在卯的位置。而這個宮位，正好是落在流年的官祿宮。

官祿宮，對還沒出社會的學生來說就是學業宮，出了社會就是事業宮。官祿有財神，表示學生能獲得獎學金、助學金，或是競賽得到特殊榮耀，無論是打球、游泳、下棋等競技，都能有好成績，也包含有機會得到很好的文憑。

如果是出社會的上班族，表示今年你的業績會蒸蒸日上、無人能比、超越以往，讓長官對你刮目相看。這裡的財，指的是你的業務財、行銷財、財務財。而另一種可能，就是你在職場上表現得宜、身兼多職，得到意想不到的加薪機會。

豬年強運建議

在新的一年，工作若有不順遂，千萬不要貿然辭職，堅持下去可能會有意外的好發展喔。

財運

農曆出生西元年尾數6、8

財神在遠方，勿故步自封

農曆出生西元年尾數是6和8的朋友，你們的祿存星正好是豬年的遷移宮。

想賺錢、發財，找到財神爺嗎？財神爺不在你家，而是在他鄉、異地、遠方。你要把握出差的機會，不要因為家人的牽絆而走不出去。如有到外地考察、投資、採購的機會要好好把握。只要到外地張羅你的事業、觀察事業方向，都能獲得進步。

由於遠方的財神爺正在對你招手，千萬不要墨守成規、故步自封，固守在家鄉錢財不會來，就枉費了今年的好機會。到遠方考試、買房子、投資，或是增長智慧見聞，對你而言都非常有利。

豬年強運建議

一踏出本地，你的運勢就來，所以包含進貨、出貨等廠商、客戶，你都盡量以「外地」作為選擇的原則，例如說美商、日商等外商，這都是財神爺給你的線索喔！

財運

農曆出生西元年尾數7、9

代表星曜：祿存星

所處宮位：疾厄宮

風水區域：廁所

開運祕法：杜絕不良惡習，投保健檢

精力充沛，健康就是你的財富

農曆出生西元年尾數7、9的人，今年的財神爺，坐落在關於健康的疾厄宮。

這有幾種跡象可循，例如：你過去可能暗疾纏身，無力面對職場的壓力，於是財源不進。而今年你身強體健，體力恢復，舊疾不再復發，病痛也有機會消失。有好的體力與健康，無論在職場還是學業上，你都能有充沛的活力，當然能賺錢。

反過來說，新的一年，你也不要熬夜、不要酗酒，不要做有害身體的事情，就不會讓你的健康影響財富。其次，用健康得到錢財的方式，也包含你曾經投保相關的健康保險，期滿退回，也能得到一筆優渥的金錢。或是因為你相當健康，參加競賽都能獲得意想不到的獎金。

豬年強運建議

今年，健康就是你的財富，沒有健康的身體，要如何追求財富？一定要好好維持身體健康。

財運

農曆出生西元年尾數 0

代表星曜：祿存星

所處宮位：子女宮

風水區域：後陽台

開運祕法：以子為貴、與孩子合夥投資

子女帶財，親子共享天倫之樂

農曆出生西元年尾數是0的人，在農曆是庚年生的，你的財神爺一定會守在申的宮位，也就是流年的子女宮。

財神爺來到子女宮，有兩種解釋方式：其一可能是子女獲利，分享給父母，而父母從中獲利，也樂在其中。例如，年長的父母，因為子女孝順，而收到一個生日的大紅包，這是可以期待的。其次，子女帶財可能是因為你結婚後，幫夫家生了一個兒子，公婆就送你一棟房子，這也是子女財的可能性。

另外，在這一年中，子女宮有財星，表示孩子能健康活潑、成績獲得肯定，也能討人喜歡，親子關係可能更甜蜜，兩代互動佳。

豬年強運建議

子女宮帶財也表示孩子如果有投資，能有獲利的空間，做父母的從旁幫助外，也能分享賺錢的喜悅。

從羊刃星、陀羅星看你豬年的疾厄在哪裡？

每個人的一生之中，都可能遭遇無法預期的苦難、血光與疾病，而這些是上天給我們人生的考驗，但是，這些苦難我們也能先用紫微斗數的方式來窺知一二，提前做好防備。

苦難由兩顆星曜主導，是屬於年系星的羊刃星與陀羅星。羊刃指的是迅雷不及掩耳的災難，而陀羅指的則是隱而不顯的災難，會在暗中累積、慢慢發酵的災厄。

我們只要找出這兩顆星，搭配你農曆出生的西元年尾數，以及豬年流年宮位，就能先了解危機可能發生的地方，進一步透過風水與修身養性來預防，讓豬年能平安順利。

疾厄運勢

農曆出生西元年尾數1

兄弟姊妹是非多，對待孩子多包容

針對農曆出生西元年尾數是1的朋友，你的羊刃星、陀羅星在豬年來到兄弟宮與子女宮。表示這兩個對象，就是你在豬年有難的源頭。

可能你的兄弟姊妹和別人有官司，或是有血光受傷，而你涉入其中被拖累。也或者是與你情同手足的朋友，背後帶刀，找你麻煩，讓你煩惱不已。當然這個危機也包含子女宮的陀羅星，幼小子女有可能舊疾復發、在學校課業無法進步，或是常常與你頂嘴、吵架等。

但不必害怕，一定有化解方法。首先與兄弟姊妹相處要心平氣和，避免引起更嚴重的口舌是非。小孩子偶有頂嘴、不懂事，更要以包容心對待，也要好好孝順長輩。

豬年強運建議

客房、兄弟姊妹和小孩的房間、陽台，需檢查是否有風水擺設上的錯誤。小孩房環境空氣要維持整齊乾淨，避免影響整體運氣。

疾厄運勢

農曆出生西元年尾數2

注意父母身體狀況，手足共同承擔

農曆出生西元年尾數是2的朋友，屬壬年生，壬年的羊刃與陀羅一定坐落在子和戌的宮位，搭配豬年流年，正好是父母宮與兄弟宮。

如果父母年事已高又不在身旁，應預防他們有意外病痛的危機。假設父母長期有慢性疾病，有刀卻遲遲沒有去開，病情可能會惡化，這時你應該以孝順的角度勸告，請父母趕緊做醫療的病痛根治。為人子女也許不能長期待在父母身邊，但必須要承擔起提醒的責任。

父母的受傷、血光，有時不只是病痛，包含與人爭吵、打鬥都有可能，不可掉以輕心。其次，兄弟反目、意見分歧、投資失和等兄弟姊妹鬩的禍，很可能會由你來擦屁股，造成你的困擾。

豬年強運建議

避而不去的危機，要以心平氣和來看待。必須多一點包容心、體諒心，共同承擔提醒危難的責任，才能化解這個危機。

疾厄運勢

農曆出生西元年尾數3

代表星曜：羊刃星、陀羅星

所處宮位：福德宮、本命宮

風水區域：工作室／休閒室、客廳

開運祕法：擺放鹽燈，多旅遊

煩惱多慮不快樂，切記別鑽牛角尖

農曆出生西元年尾數是3的朋友，羊刃、陀羅正好是流年的福德宮和本命宮。

新的一年，你會流於庸人自擾、煩惱多慮的狀況，也就是你的憂鬱會多於快樂。這一年，你會自己帶來莫大的壓力，你的思緒、判斷、想法都會受到很大的阻礙。甚至會有強烈的悲情感受。

福德宮帶有羊刃，你就會過得不快樂，很多事情會盤旋在心頭，使你愁容滿面，且會不自覺開始鑽牛角尖，造成內心更多苦痛。意思就是說，你的判斷錯誤，將造成你自己的血光之災。因為你多慮、緊張，精神狀況不好，可能失眠，最後工作表現、賺錢，也都會受到影響。

豬年強運建議

要放開心胸，多旅遊，多與人接觸，必要的話可以藉由宗教信仰的力量，當作靈魂的休息站，讓你的心靈可以休息。

疾厄運勢

農曆出生西元年尾數4

職場發揮空間小，放開心胸別想太多

農曆出生西元年尾數是4的讀者朋友，兩顆代表苦難的羊刃星、陀羅星，正好位於豬年的官祿宮與福德宮。

落在福德宮，代表積勞成疾、思想判斷錯誤、憂鬱、多慮。而又落在官祿宮，表示你煩惱的事情可能與工作、職場有關，力不從心，或者付出多、得到少，這樣不公平的狀況。第二個，職場上也可能面臨到效率與能力的問題，可能有被強迫離職的危機。也可能自己判斷錯誤，貪念太多，想要跳槽，但卻越跳越慘。

在新的一年，你在職場上的發揮有限，甚至有小人帶刀，背後會說你壞話，再加上你自己多慮、煩惱，發揮空間又小，禍不單行。

豬年強運建議

今年在職場上，隱忍、低調，多讚美對方，就是化解危機的開始。記得，不要想太多，才不會讓自己不快樂。

疾厄運勢

農曆出生西元年尾數5

代表星曜：羊刃星、陀羅星

所處宮位：奴僕宮、田宅宮

風水區域：樓梯間／走道、餐廳

開運祕法：別與朋友合夥，別過度相信別人

朋友合夥投資，暗藏陷阱

農曆出生西元年尾數是5的朋友，羊刃星、陀羅星正好就位在奴僕宮與田宅宮。

有三點提醒：第一，居家生活不要帶朋友回家。第二，不要和朋友共同買賣房地產，或是合租房子。第三，因為朋友帶刀，和你相處好的朋友，不代表就是會幫助你的朋友，千萬不要過度相信朋友，不要對外透露太多隱私及秘密，讓別人有陷害你的機會。

此外，因為田宅帶陀羅，因此這一年你在租屋、選屋、購屋，都會困難重重。也要小心相關契約，容易暗藏陷阱，可能租到不好的房子、店面，居家環境風水差，不但沒有敦親睦鄰，還可能惡言相向。

豬年強運建議

鄰居、合夥人、承租店面、買賣經手人……都是你今年的危機，要多溝通，不要過度相信別人。

疾厄運勢

農曆出生西元年尾數6、8

小血光破除災禍，金錢往來須小心

農曆出生西元年尾數6、8的朋友，羊刃星與陀羅星正好是豬年的奴僕宮跟疾厄宮。

疾厄帶刀，表示你該開的刀，應該要盡快安排，該捐血、做微整形、整理牙齒，都可以趕快做。因為血光流年難逃，不要去壓抑，以免造成未來突然有不明傷害的危機，與其出現這種未知的危難，不如先幫自己找血光。血光破了，災難就比較能夠平息。

其次，因為奴僕宮帶陀羅，朋友闖禍、同事欠錢，惹事生非，都會需要你幫忙擦屁股。學弟學妹借你之名去闖禍，甚至把債務推到你身上，都是要謹慎小心的地方。

豬年強運建議

針對懷孕的婦女，如果能夠接受剖腹產，今年也可以考慮；如果有慢性疾病纏身，需要切除者，可以和醫生先溝通，讓你知命、用命，而不是認命、宿命。

疾厄運勢

農曆出生西元年尾數7、9

戶外活動要注意，金錢損失要放下

針對農曆出生西元年尾數7、9的朋友，你的羊刃星、陀羅星坐落在流年的財帛宮和遷移宮。

錢財帶刀，代表的不一定是破財，而是指金錢糾葛、借貸問題。包含有人和你借錢，但卻不寫借據，或是間接被人詐欺、騙錢，這些都有可能發生。由於因為金錢的損失，會導致你情緒上有許多不滿，近而與親朋好友爭吵，甚至血光，都是有可能的。

其次，陀羅在遷移宮，表示陀羅會在居家以外的地方發揮作用。今年在登山、游泳、跑步等休閒活動上，暗藏了不必要的運動傷害，出外開車、騎車，可能有車禍、跌倒，要多加注意。

豬年強運建議

金錢相關的糾紛，要多隱忍。該討的債，或許明年再要會更好，否則一開始就想辦法不借出。今年對於金錢不要執著，以清心寡欲的態度面對，才能避開災禍。

疾厄運勢

農曆出生西元年尾數0

夫妻為財爭執，人去財不留

農曆出生西元年尾數為0的朋友，羊刃星與陀羅星這兩個宮位正好就是流年的夫妻宮與財帛宮。

簡而言之，就是夫妻會因為錢而吵架。陀羅落在財帛，表示錢財產生問題，該拿的拿不到、該破財的逃不掉，是一個為錢財煩惱的一年。其次，羊刃又入夫妻，是雪上加霜的狀況，表示除了你自己破財，你的配偶可能也會投資失敗，又需要你化解，形成蠟燭兩頭燒的狀況。

更有可能是「財去，人也去」的狀況，你沒錢了，你的愛人也跑掉了。或者為了錢爭執不斷，像是配偶加諸了你工作賺錢的壓力。今年與心愛的人在觀念上、想法上，都容易產生分歧，包含對小孩的教育、未來的規劃、投資理財的決定，都南轅北轍。

豬年強運建議

應以平常心看待，可以多去宮廟尋求精神支持，也應該多孝順父母、做善事，以化解壞運。

Chapter 5

豬年開運農民曆

看完自己今年的運勢了嗎？

本章節提供你家家必備的豬年農民曆！

清楚列出每日宜忌、每天的吉時、胎神方位…

讓你新年度的每一天都能有所依據！

二〇一九年國曆一月

日期	星期	節日節氣	農曆	干支	每日宜忌	每日吉時	每日沖煞	每日胎神占方
1	二	元旦	十一月 廿六	戊戌	宜：祈福、酬神、訂婚、動土、除靈、破土 **忌：**開光、造船橋、入宅、安香、嫁娶、入殮、火葬、進金	寅卯 巳午	**龍7歲 煞北**	房床棲 房內南
2	三		廿七	己亥	宜：出行、買車、裁衣、合帳、出火、動土、入宅 **忌：**安床、開市、穿井、開刀、安香、嫁娶、入殮、火葬、進金	子寅 卯午	**蛇6歲 煞西**	占門床 房內南
3	四		廿八	庚子	**逢是日凶多吉少，宜事不取**	子卯 辰巳	**馬5歲 煞南**	占碓磨 房內南
4	五		廿九	辛丑	宜：出行、買車、開市、祈福、酬神、訂婚、裁衣、合帳、嫁娶、動土、安床 **忌：**造床、牧養、納畜、入殮、除靈、火葬、進金、安葬	丑寅 卯午	**羊4歲 煞東**	廚灶廁 房內南
5	六	小寒	三十	壬寅	宜：牧養、納畜、訂婚、裁衣、合帳、安床、掛匾、入殮、除靈、火葬、進金、安葬 **忌：**開光、動土、開市、上官、赴任、嫁娶、入宅、安香	子辰 巳午	**猴3歲 煞北**	倉庫爐 房內南
6	日		十二月 初一	癸卯	**日偏食台灣可見，宜事不取**	卯辰 巳午	**雞2歲 煞西**	房床門 房內南
7	一		初二	甲辰	**逢是日凶多吉少，宜事不取**	子卯 巳午	**狗1歲 煞南**	門雞棲 房內東

15	14	13	12	11	10	9	8
二	一	日	六	五	四	三	二
初十	初九	初八	初七	初六	初五	初四	初三
壬子	辛亥	庚戌	己酉	戊申	丁未	丙午	乙巳
宜：裁衣、合帳、安床、牧養、納畜、入殮、除靈、火葬、進金、安葬 忌：動土、開光、嫁娶、入宅、安香、安門、穿井	宜：開光、祈福、酬神、設醮、出火、動土、安灶、入宅、安香 忌：安床、嫁娶、上樑、安門、入殮、除靈、火葬、進金、安葬	宜：訂婚、裁衣、合帳、嫁娶、作灶 忌：安床、開市、造船橋、入殮、除靈、火葬、進金	**受死逢重喪，吉喜喪事均忌** 宜：補垣、塞穴	宜：入殮、除靈、火葬、進金、安葬 忌：嫁娶、入宅、安香、安機械、開光	**逢月破大耗凶日，宜事不取**	**正四廢忌吉喜事，惟行喪不忌** 宜：入殮、除靈、破土、火葬、進金、安葬	宜：祈福、牧養、納畜、開光、酬神、設醮、訂婚、嫁娶、安床、掛匾 忌：開市、造宅、全章、入殮、火葬、進金、安葬
子丑辰巳	丑寅卯午	子丑卯巳	子寅巳午	卯辰巳午	子辰巳午	丑寅卯午	子卯辰巳
馬53歲 煞南	**蛇54歲 煞西**	**龍55歲 煞北**	**兔56歲 煞東**	**虎57歲 煞南**	**牛58歲 煞西**	**鼠59歲 煞北**	**豬60歲 煞東**
倉庫碓 外東北	廚灶床 外東北	碓磨栖 外東北	占大門 外東北	房床爐 房內東	倉庫廁 房內東	廚灶碓 房內東	碓磨床 房內東

日期	星期	節日節氣	農曆	干支	每日宜忌	每日吉時	每日沖煞	每日胎神占方
16	三		十二月 十一	癸丑	**正紅紗大凶，宜事不取**	寅卯 巳午	**羊52歲 煞東**	房床廁 外東北
17	四		十二	甲寅	**宜**：出行、開光、訂婚、裁衣、合帳、嫁娶、出火、安床、入宅、洽爐、掛匾、開市、入殮、除靈、火葬、進金、安葬 **忌**：上樑、牧養、納畜	子寅 卯午	**猴51歲 煞北**	占門爐 外東北
18	五		十三	乙卯	**宜**：出行、開市、牧養、納畜、訂婚、裁衣、合帳、嫁娶、安床、入殮、火葬、進金、安葬 **忌**：入宅、安香、祈福、上官、赴任	子丑 卯巳	**雞50歲 煞西**	碓磨門 外正東
19	六		十四	丙辰	**宜**：裁衣、合帳、嫁娶 **忌**：開光、出行、造船橋、開市、入宅、入殮、火葬	子寅 卯午	**狗49歲 煞南**	廚灶棲 外正東
20	日	大寒	十五	丁巳	**正四廢又逢重日，吉喜喪事均不取** **宜**：祭祀	子辰 巳午	**豬48歲 煞東**	倉庫床 外正東
21	一	尾牙	十六	戊午	**宜**：出行、嫁娶、安床、入殮、除靈、火葬、進金、安葬	寅卯 辰巳	**鼠47歲 煞北**	房床碓 外正東
22	二		十七	己未	**月破大耗大凶，宜事不取**	子卯 巳午	**牛46歲 煞西**	占門廁 外正東
23	三		十八	庚申	**宜**：出行、開市、訂婚、裁衣、合帳、嫁娶、出火、安灶、入宅、洽爐、掛匾、入殮、除靈、火葬、進金、安葬 **忌**：開光、安香、祈福、開刀、安床	丑卯 辰巳	**虎45歲 煞南**	碓磨爐 外東南

日期	星期		農曆	干支	宜忌	時辰	沖煞	胎神
24	四		十九	辛酉	**逢受死凶日，忌吉喜事，惟行喪不忌** **宜**：入殮、除靈、火葬、安葬	子丑 寅午	**兔44歲** **煞東**	廚灶門 外東南
25	五		二十	壬戌	**宜**：作灶 **忌**：嫁娶、安床、開市、入宅、安香、入殮、火葬、進金	子丑 巳午	**龍43歲** **煞北**	倉庫棲 外東南
26	六		廿一	癸亥	**宜**：開光、作灶 **忌**：安床、嫁娶、安門、入宅、安香、入殮、火葬、進金	寅卯 辰午	**蛇42歲** **煞西**	占房床 外東南
27	日		廿二	甲子	**宜**：祈福、酬神、訂婚、裁衣、合帳、安床、牧養、納畜、入殮、除靈、火葬、進金、安葬 **忌**：動土、開光、入宅、安香、開市、安機械	子丑 卯巳	**馬41歲** **煞南**	占門碓 外東南
28	一		廿三	乙丑	**正紅紗大凶，宜事不取**	寅卯 辰巳	**羊40歲** **煞東**	碓磨廁 外東南
29	二		廿四	丙寅	**宜**：出行、開光、訂婚、嫁娶、安床、入宅、洽爐、開市、除靈、火葬、進金、安葬 **忌**：經絡、安機械、安香、祈福、合帳、入殮	子寅 卯午	**猴39歲** **煞北**	廚灶爐 外正南
30	三		廿五	丁卯	**宜**：出行、訂婚、安床、入殮、火葬、進金、安葬 **忌**：入宅、安香、動土、開市、嫁娶、除靈	子辰 巳午	**雞38歲** **煞西**	倉庫門 外正南
31	四		廿六	戊辰	**是日凶多吉少，宜事少取** **宜**：祭祀	寅卯 辰巳	**狗37歲** **煞南**	房床棲 外正南

二〇一九年國曆二月

日期	星期	節日節氣	農曆	干支	每日宜忌	每日吉時	每日沖煞	每日胎神占方
1	五		廿七	戊戌	**宜**：牧養、納畜、開光、祈福、酬神、設醮、裁衣、合帳、訂婚、嫁娶、出火、安床灶、入宅、安香、掛匾 **忌**：開市、上官、赴任、入學、入殮、安葬	子卯巳午	**豬36歲 煞東**	占門床外正南
2	六		廿八	己亥	**宜**：出行、祈福、納畜、開光、酬神、齋醮、訂婚、裁衣、合帳、嫁娶、安床、掛匾、入殮、除靈、火葬、進金、安葬 **忌**：入宅、安香、題祖先、上官	丑卯辰巳	**鼠35歲 煞北**	占碓磨外正南
3	日		廿九	庚子	**逢月破大耗凶日，宜事不取**	子寅卯午	**牛34歲 煞西**	廚灶廁外西南
4	一	立春 除夕	三十	辛丑	**節前宜**：出行、訂婚、入殮、除靈、火葬、進金、安葬 **節後忌**：逢月破大耗凶日，宜事不取	子辰巳午	**虎33歲 煞南**	倉庫爐外西南
5	二	春節	正月初一	壬寅	**宜**：開光、祈福、酬神、齋醮、出行、訂婚、裁衣、合帳、動土、入宅、安香、洽爐、開市、牧養 **忌**：安床、嫁娶、安機械，歲首忌行喪之事	寅辰巳午	**兔33歲 煞東**	房床門外西南
6	三		初二	癸卯	**受死又逢重喪，吉喜喪事均不取**	子丑卯午	**龍32歲 煞北**	門雞栖外西南
7	四		初三	甲辰	**宜**：出行、祈福、酬神、訂婚、裁衣、出火、動土、安床灶、入宅、安香 **忌**：開市、嫁娶、上官、赴任、入殮、除靈、火葬、進金	子丑卯辰	**蛇31歲 煞西**	碓磨床外西南

15	14	13	12	11	10	9	8
五	四	三	二	一	日	六	五
	西洋情人節						
十一	初十	初九	初八	初七	初六	初五	初四
壬子	辛亥	庚戌	己酉	戊申	丁未	丙午	乙巳
宜：訂婚、嫁娶、出行、入殮、火葬、進金、安葬 忌：開市、安門、分居、入宅、安香、除靈	宜：出行、開市、牧養、祈福、齋醮、訂婚、裁衣、嫁娶、出火、動土、安床、入宅、安香、掛匾、入殮、除靈、破土、火葬、安葬 **忌**：開光、安機械	宜：作灶 **忌**：嫁娶、安門、上樑、入宅、安香、入殮、火葬	宜：開光、合帳 **忌**：祈福、造船橋、嫁娶、入殮、火葬、安葬	宜：出行、祈福、酬神、齋醮、訂婚、安床、入殮、除靈、破土、火葬、進金、安葬 **忌**：開市、嫁娶、上官、赴任、開光、動土、安門、入宅、安香	宜：訂婚、裁衣、合帳、安床、入殮、除靈、火葬、進金、安葬 **忌**：開光、動土、嫁娶、入宅、安香、求嗣、祈福、牧養	宜：祈福、酬神、齋醮、裁衣、合帳、安床、入殮、除靈、火葬、進金、安葬 **忌**：動土、嫁娶、入宅、安香、開刀	宜：出行、開市、開光、祈福、酬神、齋醮、訂婚、嫁娶、動土、除靈、破土 **忌**：安床、入宅、安香、上官、赴任、入殮、火葬、進金
寅卯辰巳	丑辰巳午	子寅卯午	子卯辰巳	子卯巳午	寅卯辰巳	子辰巳午	子丑寅卯
牛23歲 煞西	**鼠24歲 煞北**	**豬25歲 煞東**	**狗26歲 煞南**	**雞27歲 煞西**	**猴28歲 煞北**	**羊29歲 煞東**	**馬30歲 煞南**
房床廁 外西北	倉庫碓 外西北	廚灶床 外正西	碓磨栖 外正西	占大門 外正西	房床爐 外正西	倉庫廁 外正西	廚灶碓 外西南

日期	16	17	18	19	20	21	22
星期	六	日	一	二	三	四	五
節氣				雨水			
節日				元宵節			
農曆	正月十二	十三	十四	十五	十六	十七	十八
干支	甲申	乙酉	丙戌	丁亥	戊子	己丑	庚寅
每日宜忌	**逢月破大耗凶日，宜事不取**	宜：開光、祈福、酬神、出行、裁衣、合帳、動土、開市、入殮、除靈、破土、火葬、進金、安葬 **忌：**安床、嫁娶、入宅、安香、洽爐、上官、赴任	**逢受死凶日，忌吉喜事，惟行喪不忌** 宜：入殮、除靈、破土、火葬、安葬	宜：出行、祈福、酬神、訂婚、裁衣、合帳、出火、動土、安床、入宅、安香 **忌：**開市、嫁娶、開光、入殮、火葬	宜：開光、祈福、酬神、出行、訂婚、嫁娶、動土、開市、除靈、破土 **忌：**安床、入宅、安香、開刀、上官、赴任、入殮、火葬、安葬	宜：祈福、酬神、裁衣、合帳、安床灶、入殮、除靈 **忌：**嫁娶、動土、入宅、安香、安機械、開刀、火葬、進金	宜：裁衣、合帳、入殮、除靈 **忌：**開光、動土、嫁娶、入宅、安香、火葬
每日吉時	子丑巳午	子丑辰巳	丑寅卯午	子丑辰午	寅卯辰巳	子卯巳午	子卯辰巳
每日沖煞	**虎22歲 煞南**	**兔21歲 煞東**	**龍20歲 煞北**	**蛇19歲 煞西**	**馬18歲 煞南**	**羊17歲 煞東**	**猴16歲 煞北**
每日胎神占方	占門爐 外西北	碓磨門 外西北	廚灶栖 外西北	倉庫床 外西北	房床碓 外正北	占門廁 外正北	碓磨爐 外正北

23	24	25	26	27	28
六	日	一	二	三	四
					和平紀念日
十九	二十	廿一	廿二	廿三	廿四
辛卯	壬辰	癸巳	甲午	乙未	丙申
宜：出行、牧養、祈福、訂婚、嫁娶、開光、酬神、齋醮、出火、動土、安床、入宅、安香、掛匾、入殮、除靈、破土、火葬、安葬 忌：開市、安機械	宜：出行、嫁娶 忌：入宅、安香、祈福、開市、動土、入殮、除靈、火葬	宜：作灶 忌：開市、嫁娶、入宅、入殮、火葬、進金	宜：出行、祈福、牧養、納畜、酬神、設醮、訂婚、裁衣、合帳、嫁娶、出火、動土、安床、入宅、安香 忌：開光、安門、開市、入殮、火葬、進金	宜：祈福、酬神、訂婚、裁衣、合帳、出火、安床、入宅、安香、入殮、火葬、進金、安葬 忌：出行、嫁娶、開光、安門、除靈、沽爐	**逢月破大耗凶日，宜事不取**
丑寅 卯午	子辰 巳午	卯辰 巳午	丑卯 巳午	子卯 辰巳	子丑 卯午
雞15歲 煞西	**狗14歲 煞南**	**豬13歲 煞東**	**鼠12歲 煞北**	**牛11歲 煞西**	**虎10歲 煞南**
廚灶門 外正北	倉庫栖 外正北	占房床 房內北	占門碓 房內北	碓磨廁 房內北	廚灶爐 房內北

二〇一九年國曆三月

日期	1	2	3	4	5	6	7
星期	五	六	日	一	二	三	四
節日節氣						驚蟄	
農曆	廿五	廿六	廿七	廿八	廿九	三十	二月初一
干支	丁酉	戊戌	己亥	庚子	辛丑	壬寅	癸卯
每日宜忌	宜：牧養、納畜、開光、祈福、酬神、設醮、裁衣、合帳、訂婚、嫁娶、出火、安床灶、入宅、安香、掛匾 **忌：**開市、上官、赴任、入學、入殮、安葬	宜：出行、祈福、納畜、開光、酬神、齋醮、訂婚、裁衣、合帳、嫁娶、安床、掛匾、入殮、除靈、火葬、進金、安葬 **忌：**入宅、安香、題祖先、上官	**逢月破大耗凶日，宜事不取**	節前宜：出行、訂婚、入殮、除靈、火葬、進金、安葬 **節後忌：逢月破大耗凶日，宜事不取**	宜：開光、祈福、酬神、齋醮、出行、訂婚、裁衣、合帳、動土、入宅、安香、洽爐、開市、牧養 **忌：**安床、嫁娶、安機械，歲首忌行喪之事	**受死又逢重喪，吉喜喪事均不取**	宜：出行、祈福、酬神、訂婚、裁衣、出火、動土、安床灶、入宅、安香 **忌：**開市、嫁娶、上官、赴任、入殮、除靈、火葬、進金
每日吉時	子辰巳午	寅卯巳午	子寅卯午	子卯辰巳	丑寅卯午	子辰巳午	卯辰巳午
每日沖煞	**兔9歲 煞東**	**龍8歲 煞東**	**蛇7歲 煞東**	**馬6歲 煞東**	**羊5歲 煞東**	**猴4歲 煞東**	**雞3歲 煞東**
每日胎神占方	倉庫門 房內北	房床栖 房內南	占門床 房內南	占碓磨 房內南	廚灶廁 房內南	倉庫爐 房內南	房床門 房內南

國曆	星期		農曆	干支	宜	忌	時	沖煞	胎神
8	五		初二	甲辰	宜：出行、開市、開光、祈福、酬神、齋醮、訂婚、嫁娶、動土、除靈、破土	忌：安床、入宅、安香、上官、赴任、入殮、火葬、進金	子卯巳午	狗2歲 煞東	門雞栖 房內東
9	六		初三	乙巳	宜：祈福、酬神、齋醮、裁衣、合帳、安床、入殮、除靈、火葬、進金、安葬	忌：動土、嫁娶、入宅、安香、開刀	子卯辰巳	豬1歲 煞東	碓磨床 房內東
10	日		初四	丙午	宜：訂婚、裁衣、合帳、安床、入殮、除靈、火葬、進金、安葬	忌：開光、動土、嫁娶、入宅、安香、求嗣、祈福、牧養	丑寅卯午	鼠60歲 煞東	廚灶碓 房內東
11	一		初五	丁未	宜：出行、祈福、酬神、齋醮、訂婚、安床、入殮、除靈、破土、火葬、進金、安葬	忌：開市、嫁娶、上官、赴任、開光、動土、安門、入宅、安香	子辰巳午	牛59歲 煞東	倉庫廁 房內東
12	二		初六	戊申	宜：開光、合帳	忌：祈福、造船橋、嫁娶、入殮、火葬、安葬	卯辰巳午	虎58歲 煞東	房床爐 房內東
13	三		初七	己酉	宜：作灶	忌：嫁娶、安門、上樑、入宅、安香、入殮、火葬	子寅巳午	兔57歲 煞東	占大門 外東北
14	四		初八	庚戌	宜：出行、開市、牧養、祈福、齋醮、訂婚、裁衣、嫁娶、出火、動土、安床、入宅、安香、掛匾、入殮、除靈、破土、火葬、安葬	忌：開光、安機械	子丑卯巳	龍56歲 煞東	碓磨栖 外東北
15	五		初九	辛亥	宜：訂婚、嫁娶、出行、入殮、火葬、進金、安葬	忌：開市、安門、分居、入宅、安香、除靈	丑寅卯午	蛇55歲 煞東	廚灶床 外東北

日期	星期	節日節氣	農曆	干支	每日宜忌	每日吉時	每日沖煞	每日胎神占方
16	六		二月初十	壬子	宜：嫁娶、安床 忌：開市、安門、分居、牧養、入殮、火葬、進金	子丑 辰巳	馬54歲 煞東	倉庫碓 外東北
17	日		十一	癸丑	宜：出行、買車、祈福、酬神、牧養、納畜、嫁娶、安床灶、除靈 忌：入宅、安香、嫁娶、上官、赴任	寅卯 巳午	羊53歲 煞東	房床廁 外東北
18	一		十二	甲寅	宜：裁衣、合帳、動土、安床灶、入殮、除靈、破土、火葬、進金、安葬 忌：入宅、安香、嫁娶、上官、赴	子寅 卯午	猴52歲 煞東	占門爐 外東北
19	二		十三	乙卯	宜：裁衣、合帳 忌：入宅、安香、嫁娶、動土、入殮、火葬、進金	子丑 卯巳	雞51歲 煞東	碓磨門 外正東
20	三		十四	丙辰	**受死四離又逢三喪，吉喜喪事均不取** 宜：塞穴、斷蟻、結網、取魚	子寅 卯午	狗50歲 煞東	廚灶栖 外正東
21	四	春分	十五	丁巳	宜：牧養、納畜、訂婚、裁衣、合帳 忌：入宅、安香、嫁娶、開市、入殮、火葬	子辰 巳午	豬49歲 煞東	倉庫床 外正東
22	五		十六	戊午	宜：嫁娶 忌：入宅、安香、上官、赴任、動土、入殮、火葬、進金	寅卯 辰巳	鼠48歲 煞東	房床碓 外正東
23	六		十七	己未	宜：出行、買車、開市、掛匾、牧養、酬神、齋醮、訂婚、出火、動土、安床灶、入宅、安香、入殮、除靈、破土 忌：開光、嫁娶	子卯 巳午	牛47歲 煞東	占門廁 外正東

31	30	29	28	27	26	25	24
日	六	五	四	三	二	一	日
廿五	廿四	廿三	廿二	廿一	二十	十九	十八
丁卯	丙寅	乙丑	甲子	癸亥	壬戌	辛酉	庚申
宜：出行、買車、開市、牧養、納畜、祈福、酬神、訂婚、安床、入殮、除靈、火葬、進金、安葬 **忌：開光、嫁娶、入宅、安香、動土**	宜：納畜、牧養、訂婚、裁衣、合帳、動土、安床、入殮、除靈、破土、火葬、進金、安葬 **忌：入宅、安香、嫁娶、上官、赴任、穿井**	宜：祈福、酬神、設醮、納畜、牧養、訂婚、出火、動土、安床、入宅、安香 **忌：出行、開市、嫁娶、開光、入殮、火葬、進金**	宜：嫁娶 **忌：安門、入宅、安香、入殮、火葬、安葬**	宜：開光、訂婚、裁衣、合帳、出火、動土、安床灶、入宅、安香、開市 **忌：安門、安機械、開刀、入殮、火葬、進金、安葬**	宜：出行、買車、訂婚、裁衣、合帳、嫁娶、動土、安床灶、入宅、開市、入殮、破土 **忌：安門、除靈、火葬、進金、安葬**	**月破大耗，又逢正四廢，宜事不取** 宜：破屋壞垣	**正四廢，忌吉喜事，行喪不忌** 宜：入殮、除靈、破土、火葬、進金、安葬
子辰 巳午	子寅 卯午	寅卯 辰巳	子丑 卯巳	寅卯 辰午	子丑 巳午	子丑 寅午	丑卯 辰巳
雞39歲 煞東	**猴40歲 煞東**	**羊41歲 煞東**	**馬42歲 煞東**	**蛇43歲 煞東**	**龍44歲 煞東**	**兔45歲 煞東**	**虎46歲 煞東**
倉庫門 外正南	廚灶爐 外正南	碓磨廁 外東南	占門碓 外東南	占房床 外東南	倉庫栖 外東南	廚灶門 外東南	碓磨爐 外東南

二〇一九年國曆四月

日期	1	2	3	4	5	6	7
星期	一	二	三	四	五	六	日
節日節氣				兒童節	清明		
農曆	廿六	廿七	廿八	廿九	三月初一	初二	初三
干支	戊辰	己巳	庚午	辛未	壬申	癸酉	甲戌
每日宜忌	**受死又逢三喪，吉喜喪事均不取** **宜：**塞穴、斷蟻	**宜：**開市、牧養、納畜、裁衣、合帳、安床灶 **忌：**入宅、安香、嫁娶、開光、動土、入殮、火葬、進金	**宜：**嫁娶、入殮、除靈 **忌：**豎柱、上樑、上官、赴任、火葬	**宜：**訂婚、嫁娶、開市、牧養、開光、祈福、設齋醮、出行、動土、安床灶、入宅、安香、入殮、除靈、火葬 **忌：**開刀	**節前節後用事：**開光、祈福、酬神、齋醮、動土、入殮、除靈、破土、火葬、進金、安葬	**宜：**祈福、納畜、牧養、酬神、齋醮、出行、買車、訂婚、裁衣、合帳、嫁娶、安床、入殮、除靈、火葬、進金、安葬 **忌：**開光、動土、入宅	**逢月破大耗，凶日宜事不取** **宜：**沐浴、求醫、治病、破屋壞垣
每日吉時	寅卯辰巳	子卯巳午	丑卯辰巳	子寅卯午	子辰巳午	寅辰巳午	寅辰巳午
每日沖煞	**狗 38歲 煞南**	**豬 37歲 煞東**	**鼠 36歲 煞北**	**牛 35歲 煞西**	**虎 34歲 煞南**	**兔 33歲 煞東**	**龍 32歲 煞北**
每日胎神占方	房床栖 外正南	占門床 外正南	占碓磨 外正南	廚灶廁 外西南	倉庫爐 外西南	房床門 外西南	門雞栖 外西南

15	14	13	12	11	10	9	8
一	日	六	五	四	三	二	一
十一	初十	初九	初八	初七	初六	初五	初四
壬午	辛巳	庚辰	己卯	戊寅	丁丑	丙子	乙亥
宜：出行、買車、納畜、牧養、開光、訂婚、裁衣、嫁娶、安床、入殮、除靈、火葬、進金、安葬 忌：開市、安門、入宅、安香	宜：嫁娶 忌：開光、安機械、入宅、安香、開市、入殮、火葬	宜：出行、買車 忌：動土、嫁娶、入宅、安香、入殮、火葬、進金	宜：祈福、酬神、設齋醮、裁衣、合帳、嫁娶、安床灶、入殮、除靈、破土、火葬、進金、安葬 忌：穿井、造船、橋安門	宜：出行、買車、開市、訂婚、動土、安床灶 忌：嫁娶、開光、上官、赴任、開刀、入殮、除靈、火葬	**逢正紅紗大凶，宜事不取**	宜：開市、祈福、開光、酬神、設齋醮、訂婚、裁衣、合帳、動土、安床、入殮、除靈、破土、火葬、進金、安葬 忌：出行、入宅、開刀	**逢受死重日，吉喜喪事均不取**
丑辰巳午	子寅卯午	子卯辰巳	子卯巳午	寅卯辰巳	子辰巳午	子丑寅卯	子丑卯辰
鼠24歲 煞北	**豬25歲 煞東**	**狗26歲 煞南**	**雞27歲 煞西**	**猴28歲 煞北**	**羊29歲 煞東**	**馬30歲 煞南**	**蛇31歲 煞西**
倉庫碓 外西北	廚灶床 外正西	碓磨栖 外正西	占大門 外正西	房床爐 外正西	倉庫廁 外正西	廚灶碓 外西南	碓磨床 外西南

日期	星期	節日節氣	農曆	干支	每日宜忌	每日吉時	每日沖煞	每日胎神占方
16	二		三月 十二	癸未	宜：作灶、入殮、除靈 忌：安床、動土、嫁娶、入宅、火葬、進金	寅卯 辰巳	牛23歲 煞西	房床廁 外西北
17	三		十三	甲申	宜：開光、祈福、酬神、齋醮、裁衣、合帳、開市、牧養、納畜、入殮、除靈 忌：入宅、安香、嫁娶、安葬	子卯 巳午	虎22歲 煞南	占門爐 外西北
18	四		十四	乙酉	宜：牧養、納畜、祈福、酬神、訂婚、裁衣、嫁娶、出火、安床灶、入宅、安香、洽爐、入殮、除靈、火葬、進金、安葬 忌：出行、動土	子丑 辰巳	兔21歲 煞東	碓磨門 外西北
19	五		十五	丙戌	**逢真滅沒月破大耗，凶日宜事不取**	丑寅 卯午	龍20歲 煞北	廚灶棲 外西北
20	六	穀雨	十六	丁亥	**逢受死重日，吉喜喪事均不取** 宜：沐浴	子丑 辰午	蛇19歲 煞西	倉庫床 外西北
21	日		十七	戊子	宜：出行、買車、開市、開光、祈福、酬神、訂婚、安床灶 忌：嫁娶、安機械、開刀、入殮、除靈、火葬、進金	寅卯 辰巳	馬18歲 煞南	房床碓 外正北
22	一		十八	己丑	**逢正紅紗大凶，宜事不取** 宜：祭祀	子卯 巳午	羊17歲 煞東	占門廁 外正北
23	二		十九	庚寅	宜：出行、買車、開光、訂婚、嫁娶、除靈 忌：開市、安機械、入宅、安香、入殮、火葬、進金	子卯 辰巳	猴16歲 煞北	碓磨爐 外正北

24	25	26	27	28	29	30
三	四	五	六	日	一	二
二十	廿一	廿二	廿三	廿四	廿五	廿六
辛卯	壬辰	癸巳	甲午	乙未	丙申	丁酉
宜：祈福、酬神、裁衣、合帳、嫁娶、安床灶、入殮、除靈、火葬、進金、安葬 **忌：**上樑、造船橋、開刀、安門	**宜：**裁衣、合帳、開市、安床 **忌：**入宅、安香、嫁娶、入殮、火葬	**宜：**裁衣、合帳、嫁娶、出火、安床、入宅、安香、納畜、牧養 **忌：**開光、安門、開市、上官、赴任、入殮、火葬、進金	**宜：**開市、安床、入殮、除靈、火葬、進金、安葬 **忌：**嫁娶、出行、入宅、安香、開光	**宜：**作灶、入殮、除靈 **忌：**安床、動土、火葬、進金、安葬	**宜：**開光、祈福、酬神、設齋醮、開市、牧養、納畜、入殮、除靈、火葬、進金、安葬 **忌：**嫁娶、入宅、安香、出行、上官、入學	**宜：**出行、買車、牧養、酬神、齋醮、訂婚、裁衣、嫁娶、出火、安床、入宅、安香、掛匾、入殮、除靈、火葬、安葬 **忌：**開光、安機械
丑寅卯午	子辰巳午	卯辰巳午	丑卯巳午	子卯辰巳	子丑卯午	子辰巳午
雞15歲 煞西	**狗14歲 煞南**	**豬13歲 煞東**	**鼠12歲 煞北**	**牛11歲 煞西**	**虎10歲 煞南**	**兔9歲 煞東**
廚灶門 外正北	倉庫栖 外正北	占房床 房內北	占門碓 房內北	碓磨廁 房內北	廚灶爐 房內北	倉庫門 房內北

二〇一九年國曆五月

日期	星期	節日節氣	農曆	干支	每日宜忌	每日吉時	每日沖煞	每日胎神占方
1	三	國際勞動節	廿七	戊戌	**月破大耗又逢重喪，吉喜喪事均不取** 宜：沐浴、求醫、治病	寅卯巳午	**龍8歲 煞北**	房床棲 房內南
2	四		廿八	己亥	**逢受死重日，吉喜喪事均不取**	子寅卯午	**蛇7歲 煞西**	占門床 房內南
3	五		廿九	庚子	宜：開市、開光、祈福、酬神、齋醮、訂婚、裁衣、合帳、安床、入殮、除靈、火葬、進金、安葬 忌：入宅、安香、開刀、牧養	子卯辰巳	**馬6歲 煞南**	占碓磨 房內南
4	六		三十	辛丑	**逢正紅紗大凶，宜事不取** 宜：祭祀	丑寅卯午	**羊5歲 煞東**	廚灶廁 房內南
5	日		四月初一	壬寅	**逢四絕凶日，宜事不取** 宜：除靈	子辰巳午	**猴4歲 煞北**	倉庫爐 房內南
6	一	立夏	初二	癸卯	節前宜：出行、裁衣、合帳、作灶、入殮、除靈、火葬、進金、安葬 節後宜：開光、酬神、齋醮、出行、買車、訂婚、動土、除靈、破土	卯辰巳午	**雞3歲 煞西**	房床門 房內南
7	二		初三	甲辰	宜：出行、買車、裁衣、合帳、嫁娶、安床灶、入宅、安香、洽爐、入殮、破土、火葬、進金、安葬 忌：開光、安門、開刀、穿井	子卯巳午	**狗2歲 煞南**	門雞棲 房內東

15	14	13	12	11	10	9	8
三	二	一	日	六	五	四	三
十一	初十	初九	初八	初七	初六	初五	初四
壬子	辛亥	庚戌	己酉	戊申	丁未	丙午	乙巳
正四廢凶日，宜事不取 宜：沐浴	**月破大凶，宜事不取** 宜：沐浴、破屋壞垣	宜：祈福、酬神、齋醮、訂婚、動土、入殮、除靈、破土、火葬、進金、安葬 忌：嫁娶、開光、入宅、安香、安門、上官	宜：出行、買車、開市、開光、酬神、齋醮、安灶、入宅、安香、入殮、除靈、火葬、安葬 忌：嫁娶	宜：入殮、除靈、破土 忌：入宅、安香、嫁娶、安床、火葬、進金	宜：開光、嫁娶、裁衣、合帳 忌：開市、動土、入殮、火葬	宜：祈福、酬神、設醮、訂婚、裁衣、合帳、嫁娶、出火、動土 忌：出行、安床、入宅、安香、安機械、入殮、火葬	**逢受死重日，吉喜喪事均不取** 宜：斷蟻、塞穴
子丑辰巳	丑寅卯午	子丑卯巳	子寅巳午	卯辰巳午	子辰巳午	丑寅卯午	子卯辰巳
馬54歲 煞南	**蛇55歲 煞西**	**龍56歲 煞北**	**兔57歲 煞東**	**虎58歲 煞南**	**牛59歲 煞西**	**鼠60歲 煞北**	**豬1歲 煞東**
倉庫碓 外東北	廚灶床 外東北	碓磨栖 外東北	占大門 外東北	房床爐 房內東	倉庫廁 房內東	廚灶碓 房內東	碓磨床 房內東

日期	星期	節日節氣	農曆	干支	每日宜忌	每日吉時	每日沖煞	每日胎神占方
16	四		四月 十二	癸丑	宜：開市、納畜、牧養、開光、齋醮、裁衣、合帳、動土、安床灶、入殮、除靈、破土、火葬、進金、安葬 忌：入宅、安香、嫁娶、安機械	寅卯 巳午	**羊53歲 煞東**	房床廁 外東北
17	五		十三	甲寅	**是日凶多吉少，宜事不取**	子寅 卯午	**猴52歲 煞北**	占門爐 外東北
18	六		十四	乙卯	宜：祈福、開光、酬神、齋醮、訂婚、嫁娶、動土、安床、除靈、破土 忌：出行、入宅、安香、開刀、造船橋、安機械、入殮、火葬	子丑 卯巳	**雞51歲 煞西**	碓磨門 外正東
19	日		十五	丙辰	宜：裁衣、合帳、出火、動土、安床、入宅、安香 忌：嫁娶、開市、開光、入殮、安葬、火葬	子寅 卯午	**狗50歲 煞南**	廚灶栖 外正東
20	一		十六	丁巳	**受死凶日又逢重日，宜事不取** 宜：斷蟻	子辰 巳午	**豬49歲 煞東**	倉庫床 外正東
21	二	小滿	十七	戊午	宜：出行、買車、訂婚、掛匾、牧養、納畜、入殮、除靈 忌：開光、安床、嫁娶、動土、入宅、安香、火葬、進金	寅卯 辰巳	**鼠48歲 煞北**	房床碓 外正東
22	三		十八	己未	**是日凶多吉少，宜事不取** 宜：結網、塞穴	子卯 巳午	**牛47歲 煞西**	占門廁 外正東
23	四		十九	庚申	宜：出行、買車、開市、裁衣、合帳、嫁娶、動土、入宅、入殮、除靈、破土、火葬、進金、安葬 忌：開光、牧養、納畜、安香、上樑	丑卯 辰巳	**虎46歲 煞南**	碓磨爐 外東南

31	30	29	28	27	26	25	24
五	四	三	二	一	日	六	五
廿七	廿六	廿五	廿四	廿三	廿二	廿一	二十
戊辰	丁卯	丙寅	乙丑	甲子	癸亥	壬戌	辛酉
宜：出行、買車、裁衣、合帳、嫁娶、動土、安床灶、入殮、破土 忌：開光、入宅、安香、牧養、上樑、火葬	宜：開光、祈福、酬神、設齋醮、出行、買車、訂婚、嫁娶、動土、安床、除靈、破土 忌：開市、安門、分居、造船橋、入殮、火葬	宜：出行、買車、訂婚、安床 忌：開光、嫁娶、開市、入殮、火葬	宜：開市、祈福、牧養、納畜、開光、酬神、齋醮、訂婚、動土、入殮、除靈、破土、火葬、進金、安葬 忌：入宅、安香、上官、赴任、入學	宜：祈福、酬神、訂婚、裁衣、合帳、動土、安床、牧養、納畜、入殮、除靈、破土、火葬、進金、安葬 忌：開光、嫁娶、出行、開市	**月破大耗又逢正四廢凶日，宜事不取** 宜：破屋壞垣	宜：開光、訂婚、裁衣、合帳、嫁娶、出火、動土、安床、入宅、安香、洽爐、入殮、除靈、破土、火葬、進金、安葬 忌：安門、安機械	宜：出行、買車、開市、開光、酬神、齋醮、訂婚、裁衣、嫁娶、動土、安床灶、入宅、安香、入殮、除靈、破土、火葬、安葬 忌：造船橋
寅卯辰巳	子辰巳午	子寅卯午	寅卯辰巳	子丑卯巳	寅卯辰午	子丑巳午	子丑寅午
狗38歲 煞南	**雞39歲 煞西**	**猴40歲 煞北**	**羊41歲 煞東**	**馬42歲 煞南**	**蛇43歲 煞西**	**龍44歲 煞北**	**兔45歲 煞東**
房床栖 外正南	倉庫門 外正南	廚灶爐 外正南	碓磨廁 外東南	占門碓 外東南	占房床 外東南	倉庫栖 外東南	廚灶門 外東南

二〇一九年國曆六月

日期	1	2	3	4	5	6
星期	六	日	一	二	三	四
節日節氣						芒種
農曆	廿八	廿九	五月初一	初二	初三	初四
干支	己巳	庚午	辛未	壬申	癸酉	甲戌
每日宜忌	**逢受死重日，吉喜喪事均不取** **宜：**斷蟻	**宜：**出行、買車、牧養、開光、酬神、齋醮、訂婚、裁衣、嫁娶、動土、掛匾、開市、入殮、除靈、破土、火葬、安葬 **忌：**入宅、安香、蓋屋	**宜：**開光、訂婚、裁衣、合帳、安床、作灶 **忌：**開市、安機械、嫁娶、動土、入殮、火葬	**宜：**入殮、除靈、破土、火葬、進金、安葬 **忌：**開光、安床、造船橋、入宅、安香、嫁娶	**宜：**出行、買車、牧養、開光、酬神、設齋醮、訂婚、裁衣、嫁娶、出火、動土、安床灶、入宅、安香、掛匾、入殮、除靈、破土、火葬、安葬	**節後：**出行、買車、牧養、開光、酬神、設齋醮、訂婚、裁衣、嫁娶、出火、動土、安床灶、入宅、安香、掛匾、入殮、除靈、破土、火葬、安葬開市、開光、酬神、設齋醮、出行、買車、訂婚、嫁娶、動土、安床、入宅、安香、掛匾、進金、安葬
每日吉時	子卯巳午	丑卯辰巳	子寅卯午	子辰巳午	寅辰巳午	子丑卯午
每日沖煞	**豬37歲 煞東**	**鼠36歲 煞北**	**牛35歲 煞西**	**虎34歲 煞南**	**兔33歲 煞東**	**龍32歲 煞北**
每日胎神占方	占門床 外正南	占碓磨 外正南	廚灶廁 外西南	倉庫爐 外西南	房床門 外西南	門雞栖 外西南

	15	14	13	12	11	10	9	8	7
星期	六	五	四	三	二	一	日	六	五
節日									端午節
農曆	十三	十二	十一	初十	初九	初八	初七	初六	初五
干支	癸未	壬午	辛巳	庚辰	己卯	戊寅	丁丑	丙子	乙亥
宜忌	宜：出行、買車、開市、牧養、納畜、開光、訂婚、裁衣、合帳、嫁娶、出火、安床、入宅、安香、掛匾 忌：動土、上官、入學、入殮、火葬	**是日凶多吉少，宜事不取**	宜：牧養、納畜、裁衣、合帳、嫁娶、出火、動土、入宅、安灶 忌：開市、安門、安香、上官、赴任、安床、入殮、火葬	宜：出行、買車、牧養、納畜、祈福、酬神、設齋醮、訂婚、嫁娶、出火、動土、安床灶、入宅、安香、洽爐、破土 忌：開光、安機械	宜：作灶 忌：嫁娶、開市、入宅、安香、開刀、入殮、火葬	宜：開市、開光、訂婚、裁衣、合帳、動土、安床灶、掛匾、入殮、除靈、破土、火葬、進金、安葬 忌：入宅、安香、開刀、嫁娶、造船橋	宜：祈福、酬神、設醮、出行、買車、裁衣、合帳、動土、安床 忌：開光、嫁娶、入宅、安香、入殮、火葬、進金	**月破大耗又逢受死，宜事不取** 宜：破屋壞垣	宜：開光、祈福、酬神、設醮、訂婚、安床 忌：出行、入宅、安香、嫁娶、入殮、除靈、火葬
吉時	寅卯辰巳	丑辰巳午	子寅卯午	子卯辰巳	子卯巳午	寅卯辰巳	子辰巳午	子丑寅卯	子丑卯辰
沖煞	**牛23歲 煞西**	**鼠24歲 煞北**	**豬25歲 煞東**	**狗26歲 煞南**	**雞27歲 煞南**	**猴28歲 煞北**	**羊29歲 煞東**	**馬30歲 煞南**	**蛇31歲 煞西**
胎神	房床廁 外西北	倉庫碓 外西北	廚灶床 外正西	碓磨栖 外正西	占大門 外正西	房床爐 外正西	倉庫廁 外正西	廚灶碓 外西南	碓磨床 外西南

日期	16	17	18	19	20	21	22
星期	日	一	二	三	四	五	六
節日節氣						夏至	
農曆	五月十四	十五	十六	十七	十八	十九	二十
干支	甲申	乙酉	丙戌	丁亥	戊子	己丑	庚寅
每日宜忌	宜：裁衣、合帳、嫁娶、出火、入宅、洽爐、掛匾、牧養、納畜、入殮、除靈 **忌：**開光、出行、開市、動土、造船橋	宜：作灶、入殮、除靈 **忌：**嫁娶、開光、開市、火葬、進金	宜：出行、買車、開市、牧養、開光、酬神、齋醮、訂婚、裁衣、嫁娶、動土、安床、入宅、安香、入殮、除靈、破土、火葬、安葬 **忌：**上官	**是日凶多吉少，宜事不取** 宜：祭祀、沐浴	**月破大耗又逢四離凶日，宜事不取** 宜：破屋壞垣	宜：開光、動土、入殮、除靈、破土、火葬、進金、安葬 **忌：**開市、安門、入宅、安香、洽爐、嫁娶	宜：開市、開光、訂婚、裁衣、合帳、動土、安床灶、掛匾、入殮、除靈、破土、火葬、進金、安葬 **忌：**入宅、安香、嫁娶、造船橋
每日吉時	子卯巳午	子丑辰巳	丑寅卯午	子丑辰午	寅卯辰巳	子卯巳午	子卯辰巳
每日沖煞	**虎22歲 煞南**	**兔21歲 煞東**	**龍20歲 煞北**	**蛇19歲 煞西**	**馬18歲 煞南**	**羊17歲 煞東**	**猴16歲 煞北**
每日胎神占方	占門爐 外西北	碓磨門 外西北	廚灶栖 外西北	倉庫床 外西北	房床碓 外正北	占門廁 外正北	碓磨爐 外正北

30	29	28	27	26	25	24	23
日	六	五	四	三	二	一	日
廿八	廿七	廿六	廿五	廿四	廿三	廿二	廿一
戊戌	丁酉	丙申	乙未	甲午	癸巳	壬辰	辛卯
宜：開市、牧養、出行、買車、開光、酬神、訂婚、裁衣、嫁娶、出火、動土、安床、入宅、安香、入殮、除靈、破土、火葬、安葬 忌：上官	宜：嫁娶 忌：開市、安門、入宅、安香、入殮、火葬	宜：出行、買車、開市、訂婚、嫁娶、入殮、除靈、火葬、進金、安葬 忌：開光、造船橋、入宅、安香、安機械、動土	宜：出行、買車、開光、祈福、設醮、酬神、訂婚、安床 忌：嫁娶、開市、動土、入宅、安香、入殮、除靈、火葬	宜：入殮、火葬、進金、安葬 忌：入宅、動土、嫁娶、除靈	宜：裁衣、合帳、動土、安灶、入宅、納畜、牧養 忌：嫁娶、開光、出行、安床、安香、入殮、火葬	宜：出行、買車、祈福、酬神、訂婚、嫁娶、出火、動土、安床灶、入宅、安香、洽爐、破土 忌：開光、安門、開市、入殮、火葬	**是日凶多吉少，宜事不取** 宜：祭祀
寅卯 巳午	子辰 巳午	子丑 卯午	子卯 辰巳	丑卯 巳午	卯辰 巳午	子辰 巳午	丑寅 卯午
龍8歲 煞北	**兔9歲 煞東**	**虎10歲 煞南**	**牛11歲 煞西**	**鼠12歲 煞北**	**豬13歲 煞東**	**狗14歲 煞南**	**雞15歲 煞西**
房床栖 房內南	倉庫門 房內北	廚灶爐 房內北	碓磨廁 房內北	占門碓 房內北	占房床 房內北	倉庫栖 外正北	廚灶門 外正北

二〇一九年國曆七月

日期	星期	節日節氣	農曆	干支	每日宜忌	每日吉時	每日沖煞	每日胎神占方
1	一		廿九	己亥	宜：開光、祈福、酬神、出行、買車、訂婚、裁衣、合帳、動土、安床 忌：入宅、安香、嫁娶、入殮、除靈、火葬、進金	子寅卯午	蛇7歲 煞西	占門床 房內南
2	二		三十	庚子	**月破大耗又逢受死，宜事不取** 宜：破屋壞垣	子卯辰巳	馬6歲 煞南	占碓磨 房內南
3	三		六月初一	辛丑	**日全食：中心食：**寅時3點22分台灣不見，宜事照常酬神、齋醮、動土、開市、安床、入殮、除靈、破土、火葬、安葬	丑寅卯午	羊5歲 煞東	廚灶廁 房內南
4	四		初二	壬寅	宜：開光、裁衣、合帳、動土、安床、掛匾、入殮、除靈、破土、火葬、進金、安葬 忌：入宅、安香、嫁娶、造船橋、開刀	子辰巳午	猴4歲 煞北	倉庫爐 房內南
5	五		初三	癸卯	宜：作灶、入殮、除靈 忌：入宅、安香、開光、嫁娶、火葬	卯辰巳午	雞3歲 煞西	房床門 房內南
6	六		初四	甲辰	宜：出行、買車、牧養、納畜、開光、祈福、酬神、齋醮、訂婚、嫁娶、出火、安床灶、入宅、安香、洽爐 忌：上官、赴任、入學、火葬	子卯巳午	狗2歲 煞南	門雞栖 房內東

日期	星期	節氣	農曆	干支	宜忌	吉時	沖煞	胎神
7	日	小暑	初五	乙巳	節前宜：裁衣、合帳、嫁娶、動土、安灶、入宅、牧養、納畜 忌：出行、安床、開刀、安機械、入殮、火葬、進金	子卯 辰巳	豬1歲 煞東	碓磨床 房內東
8	一		初六	丙午	**逢受死凶日，忌吉喜事惟行喪不忌** 宜：入殮、除靈、破土、火葬、安葬	丑寅 卯午	鼠60歲 煞北	廚灶碓 房內東
9	二		初七	丁未	宜：出行、買車 忌：嫁娶、開市、動土、開光、入殮、火葬	子辰 巳午	牛59歲 煞西	倉庫廁 房內東
10	三		初八	戊申	宜：開光 忌：嫁娶、入宅、安香、造船橋、安門、上官、牧養	卯辰 巳午	虎58歲 煞南	房床爐 房內東
11	四		初九	己酉	宜：出行、買車、開市、納畜、牧養、裁衣、合帳 忌：開光、嫁娶、動土、入宅、安香、安門、入殮、火葬	子寅 巳午	兔57歲 煞東	占大門 外東北
12	五		初十	庚戌	**是日凶多吉少，宜事不取**	子丑 卯巳	龍56歲 煞北	碓磨栖 外東北
13	六		十一	辛亥	宜：出行、買車、開市、祈福、牧養、納畜、酬神、設醮、訂婚、裁衣、出火、動土、安床灶、入宅、安香、掛匾 忌：開光、入殮、火葬	丑寅 卯午	蛇55歲 煞西	廚灶床 外東北
14	日		十二	壬子	**正四廢凶日，忌吉喜事不取** 宜：入殮、破土、火葬、進金、安葬	子丑 辰巳	馬54歲 煞南	倉庫碓 外東北
15	一		十三	癸丑	**月破大耗又逢正紅紗凶日，宜事不取** 宜：破屋壞垣	寅卯 巳午	羊53歲 煞東	房床廁 外東北

日期	星期	節日節氣	農曆	干支	每日宜忌	每日吉時	每日沖煞	每日胎神占方
16	二		六月十四	甲寅	宜：開市、開光、訂婚、裁衣、嫁娶、出火、安床灶、入宅、洽爐、掛匾、入殮、除靈、破土、火葬、進金、安葬 忌：出行、開刀、安機械	子寅卯午	猴52歲 煞北	占門爐 外東北
17	三		十五	乙卯	**月偏食：中心食：卯時5點31分，台灣可見，宜事不取**	子丑卯巳	雞51歲 煞西	碓磨門 外正東
18	四		十六	丙辰	宜：牧養、納畜 忌：安床、嫁娶、入殮、除靈、火葬、進金	子寅卯午	狗50歲 煞南	廚灶栖 外正東
19	五		十七	丁巳	宜：開市、牧養、納畜 忌：開光、嫁娶、入宅、安香、火葬、進金	子辰巳午	豬49歲 煞東	倉庫床 外正東
20	六		十八	戊午	**逢受死往亡凶日，宜事不取** 宜：塞穴、結網、畋獵	寅卯辰巳	鼠48歲 煞北	房床碓 外正東
21	日		十九	己未	宜：出行、買車、開市、牧養、納畜、嫁娶、入宅 忌：開光、動土、上官、赴任、入殮、除靈、火葬、進金	子卯巳午	牛47歲 煞西	占門廁 外正東
22	一		二十	庚申	宜：開光、酬神、嫁娶、出火、入宅、安香、洽爐、入殮、除靈、火葬、進金、安葬 忌：開市、安門、造船橋、牧養、納畜	丑卯辰巳	虎46歲 煞南	碓磨爐 外東南
23	二	大暑	廿一	辛酉	宜：開光、出行、買車、裁衣、合帳、嫁娶、安床、開市、牧養、入殮、除靈、火葬、進金、安葬 忌：入宅、安香、動土、開刀、安機械	子丑寅午	兔45歲 煞東	廚灶門 外東南

31	30	29	28	27	26	25	24
三	二	一	日	六	五	四	三
廿九	廿八	廿七	廿六	廿五	廿四	廿三	廿二
己巳	戊辰	丁卯	丙寅	乙丑	甲子	癸亥	壬戌
宜：開光、祈福、酬神、嫁娶、出火、作灶、開市、入宅、安香、牧養、納畜 忌：入殮、除靈、火葬、進金	宜：作灶 忌：入宅、安香、嫁娶、安床、入殮、火葬、進金	宜：出行、買車、開市、祈福、酬神、訂婚、嫁娶、出火、安床、入宅、安香、洽爐、入殮、除靈、火葬、進金、安葬 忌：開光、上官、開刀	宜：開光、出行、買車、訂婚、裁衣、合帳、嫁娶、安床、入殮、除靈、火葬、進金、安葬 忌：入宅、安香、安門、嫁娶、除靈	**月破大耗又逢正紅紗凶日，宜事不取**	宜：牧養、納畜、祈福、酬神、訂婚、裁衣、合帳、安床、入殮、火葬、進金、安葬 忌：入宅、安香、安門、嫁娶、除靈	**正四廢又逢重日，吉喜喪事均不取**	宜：嫁娶、入殮、除靈 忌：動土、安門、上官、赴任、火葬、進金
子卯 巳午	寅卯 辰巳	子辰 巳午	子寅 卯午	寅卯 辰巳	子丑 卯巳	寅卯 辰午	子丑 巳午
豬37歲 煞東	**狗38歲 煞南**	**雞39歲 煞西**	**猴40歲 煞北**	**羊41歲 煞東**	**馬42歲 煞南**	**蛇43歲 煞西**	**龍44歲 煞北**
占門床 外正南	房床栖 外正南	倉庫門 外正南	廚灶爐 外正南	碓磨廁 外東南	占門碓 外東南	占房床 外東南	倉庫栖 外東南

二〇一九年國曆八月

日期	星期	節日節氣	農曆	干支	每日宜忌	每日吉時	每日沖煞	每日胎神占方
1	四		七月初一	庚午	**逢真滅沒受死凶日，宜事不取**	丑卯辰巳	**鼠36歲 煞北**	占碓磨 外正南
2	五		初二	辛未	**宜：**出行、買車、牧養、納畜、祈福、酬神、訂婚、裁衣、合帳、嫁娶、安床、入宅、安香 **忌：**開市、動土、造船橋、入殮、除靈、火葬	子寅卯午	**牛35歲 煞西**	廚灶廁 外西南
3	六		初三	壬申	**宜：**祈福、酬神、齋醮、嫁娶、開市、入殮、除靈、火葬、進金、安葬 **忌：**動土、入宅、安香、上官、赴任、開光	子辰巳午	**虎34歲 煞南**	倉庫爐 外西南
4	日		初四	癸酉	**宜：**開光、裁衣、合帳、嫁娶、安床、牧養、納畜、入殮、除靈、火葬、進金、安葬 **忌：**動土、入宅、安香、上官、入學	寅辰巳午	**兔33歲 煞東**	房床門 外西南
5	一		初五	甲戌	**宜：**祈福、酬神、嫁娶 **忌：**動土、出行、入殮、除靈、火葬	子丑卯午	**龍32歲 煞北**	門雞栖 外西南
6	二		初六	乙亥	**宜：**開市、納畜、牧養、開光、祈福、酬神、設醮、出行、買車、訂婚、出火、安床灶、入宅、安香 **忌：**嫁娶、入殮、除靈、火葬、進金	子丑卯辰	**蛇31歲 煞西**	碓磨床 外西南
7	三		初七	丙子	**逢四絕，吉喜事不取** **宜：**入殮、火葬、進金、安葬	子丑寅卯	**馬30歲 煞南**	廚灶碓 外西南

	15	14	13	12	11	10	9	8
	四	三	二	一	日	六	五	四
								立秋
	十五	十四	十三	十二	十一	初十	初九	初八
	甲申	癸未	壬午	辛巳	庚辰	己卯	戊寅	丁丑
	宜：牧養、納畜、出行、買車、裁衣、合帳、入殮、除靈 **忌：**嫁娶、開市、安門、上官、赴任、動土、火葬	**宜**：祈福、酬神、嫁娶、入殮、除靈、火葬、進金、安葬 **忌：**出行、入宅、安香、造船橋、開刀	**宜**：出行、買車、祈福、開光、酬神、齋醮、訂婚、嫁娶、動土、安床、開市、除靈、破土 **忌：**入宅、安香、開刀、入殮、火葬	**宜**：開市、裁衣、合帳、嫁娶、作灶 **忌：**酬神、開刀、入殮、除靈、火葬、進金	**宜**：祈福、酬神、設醮、裁衣、合帳、嫁娶、出火、動土、安床灶、入宅、安香、開市 **忌：**開光、入殮、除靈、火葬、進金	**宜**：開光、祈福、酬神、設齋醮、訂婚、裁衣、嫁娶、出火、入宅、安香、洽爐、掛匾、入殮、除靈、火葬、安葬 **忌：**安床、開市	**逢月破大耗凶日，宜事不取** **宜**：沐浴、破屋壞垣	**節前：月破大耗又逢正紅紗，宜事刪刊** **節後：逢受死凶日，吉喜事不取** **宜**：入殮、除靈、破土、火葬、安葬
	子卯巳午	寅卯辰巳	丑辰巳午	子寅卯午	子卯辰巳	子卯巳午	寅卯辰巳	子辰巳午
	虎22歲 煞南	**牛23歲 煞西**	**鼠24歲 煞北**	**豬25歲 煞東**	**狗26歲 煞南**	**雞27歲 煞西**	**猴28歲 煞北**	**羊29歲 煞東**
	占門爐 外西北	房床廁 外西北	倉庫碓 外西北	廚灶床 外正西	碓磨栖 外正西	占大門 外正西	房床爐 外正西	倉庫廁 外正西

日期	星期	節日節氣	農曆	干支	每日宜忌	每日吉時	每日沖煞	每日胎神占方
16	五		十六	乙酉	宜：裁衣、合帳、入殮、破土、火葬、進金、安葬 忌：入宅、安香、嫁娶、上樑、除靈	子丑辰巳	兔21歲 煞東	碓磨門 外西北
17	六		十七	丙戌	宜：牧養、納畜、裁衣、合帳 忌：開光、嫁娶、安機械、入殮、火葬	丑寅卯午	龍20歲 煞北	廚灶栖 外西北
18	日		十八	丁亥	宜：出行、買車、訂婚、裁衣、合帳、入宅、牧養、納畜 忌：開市、安門、入殮、火葬	子丑辰午	蛇19歲 煞西	倉庫床 外西北
19	一		十九	戊子	宜：出行、買車、牧養、祈福、訂婚、裁衣、嫁娶、出火、動土、安床、入宅、安香、掛匾、入殮、除靈、破土、火葬、安葬 忌：開光、開市	寅卯辰巳	馬18歲 煞南	房床碓 外正北
20	二		二十	己丑	**逢受死凶日，忌吉喜事** 宜：入殮、除靈、破土、火葬、安葬	子卯巳午	羊17歲 煞東	占門廁 外正北
21	三		廿一	庚寅	**月破大耗又逢重日，吉喜喪事均不取** 宜：求醫、治病、破屋壞垣	子卯辰巳	猴16歲 煞北	碓磨爐 外正北
22	四		廿二	辛卯	宜：開光、祈福、齋醮、出行、買車、嫁娶、出火、入宅、安香、治爐、入殮、除靈、火葬、進金、安葬 忌：動土、安床、開市、安門	丑寅卯午	雞15歲 煞西	廚灶門 外正北
23	五	處暑	廿三	壬辰	宜：祈福、設齋醮、訂婚、動土、入殮、破土、火葬、進金、安葬 忌：入宅、安香、嫁娶、開光	子辰巳午	狗14歲 煞南	倉庫栖 外正北

24	25	26	27	28	29	30	31
六	日	一	二	三	四	五	六
廿四	廿五	廿六	廿七	廿八	廿九	八月 初一	初二
癸巳	甲午	乙未	丙申	丁酉	戊戌	己亥	庚子
宜：開市、開光、訂婚、裁衣、合帳、嫁娶、出火、動土、安床灶、入宅、安香 忌：開刀、上樑、入殮、除靈、火葬	宜：祈福、酬神、設齋醮、出行、買車、訂婚、動土、安床、開市、除靈、破土 忌：嫁娶、開光、入宅、安香、開刀、上官	宜：祈福、酬神、設齋醮、裁衣、合帳、嫁娶、安床灶、入宅、安香、洽爐、入殮、除靈 忌：開市、安門、造船橋、安機械、火葬	宜：出行、買車、牧養、納畜、嫁娶、入殮、除靈、火葬、進金、安葬 忌：開光、動土、上官、赴任、入學、入宅、安香	宜：牧養、納畜、祈福、酬神、開光、訂婚、動土、安床、入殮、破土、火葬、進金、安葬 忌：嫁娶、入宅、安香、上官、除靈	宜：出行、買車、牧養、納畜、開光、訂婚、裁衣、合帳、安床 忌：入宅、安香、嫁娶、動土、入殮、火葬、進金	**是日凶多吉少，宜事少取** 宜：沐浴、平治道塗	宜：出行、買車、祈福、酬神、設醮、訂婚、嫁娶、出火、動土、安床、入宅、安香、掛匾 忌：開光、造船橋、開市、入殮、火葬
卯辰巳午	丑卯巳午	子卯辰巳	子丑卯午	子辰巳午	寅卯巳午	子寅卯午	子卯辰巳
豬13歲 煞東	**鼠12歲 煞北**	**牛11歲 煞西**	**虎10歲 煞南**	**兔9歲 煞東**	**龍8歲 煞北**	**蛇7歲 西**	**馬6歲 煞南**
占房床 房內北	占門碓 房內北	碓磨廁 房內北	廚灶爐 房內北	倉庫門 房內北	房床栖 房內南	占門床 房內南	占碓磨 房內南

二〇一九年國曆九月

日期	星期	節日節氣	農曆	干支	每日宜忌	每日吉時	每日沖煞	每日胎神占方
1	日		八月初三	辛丑	**逢受死凶日，忌吉喜事，惟行喪不忌** 宜：入殮、除靈、破土、火葬、安葬	丑寅卯午	羊5歲 煞東	廚灶廁 房內南
2	一		初四	壬寅	**逢月破大耗凶日，宜事不取** 宜：求醫、治病、破屋壞垣	子辰巳午	猴4歲 煞北	倉庫爐 房內南
3	二		初五	癸卯	宜：開光、祈福、酬神、齋醮、訂婚、嫁娶、掛匾、入殮、除靈、火葬、進金、安葬 忌：出行、安床、入宅、安香、開市	卯辰巳午	雞3歲 煞西	房床門 房內南
4	三		初六	甲辰	宜：祈福、酬神、訂婚、嫁娶、出火、動土、安灶、入宅、安香、洽爐、掛匾、入殮、破土、火葬、進金、安葬 忌：開光、安機械	子卯巳午	狗2歲 煞南	門雞栖 房內東
5	四		初八	乙巳	宜：開市、祈福、訂婚、動土、安床、作灶 忌：開光、嫁娶、開刀、入宅、安香、入殮、火葬、進金	子卯辰巳	豬1歲 煞東	碓磨床 房內東
6	五		初八	丙午	宜：開光、祈福、齋醮、出行、買車、訂婚、嫁娶、動土、安床、除靈、破土 忌：造船橋、入宅、安香、入殮、火葬	丑寅卯午	鼠60歲 煞北	碓磨床 房內東
7	六		初九	丁未	宜：祈福、齋醮、出行、買車、裁衣、出火、動土、安床、入宅、安香、洽爐、入廟、牧養、入殮、除靈、破土、火葬、安葬 忌：嫁娶、剃頭	子辰巳午	牛59歲 煞西	倉庫廁 房內東

15	14	13	12	11	10	9	8
日	六	五	四	三	二	一	日
		中秋節					白露
十七	十六	十五	十四	十三	十二	十一	初十
乙卯	甲寅	癸丑	壬子	辛亥	庚戌	己酉	戊申
月破大耗又逢正四廢，凶日宜事不取 宜：求醫、治病、破屋壞垣	**逢正四廢，忌吉喜事** 宜：入殮、除靈、破土、火葬、進金、安葬	宜：出行、買車、牧養、酬神、齋醮、裁衣、動土、安床灶、入宅、安香、掛匾、開市、入殮、除靈、破土、火葬、安葬 **忌：**開光、嫁娶	宜：入殮、除靈、破土 **忌：嫁娶、開光、出行、入宅、火葬**	宜：出行、買車、開光、裁衣、合帳、出火、安床灶、入宅、開市 **忌：上官、赴任、酬神、安機械、入殮、火葬、進金**	宜：出行、買車、牧養、祈福、開光、酬神、設醮、訂婚、裁衣、嫁娶、出火、動土、安床、入宅、安香、掛匾、開市 **忌：安門、入殮、火葬**	宜：出行、買車、入殮、除靈 **忌：動土、開市、安門、嫁娶、入宅**	**節前、節後用事宜：**牧養、納畜、出行、買車、裁衣、合帳、入宅、入殮、火葬、進金、安葬 **忌：開光、嫁娶**
子丑卯巳	子寅卯午	寅卯巳午	子丑辰巳	丑寅卯午	子丑卯巳	子寅巳午	卯辰巳午
雞51歲 煞西	**猴52歲 煞北**	**羊53歲 煞東**	**馬54歲 煞南**	**蛇55歲 煞西**	**龍56歲 煞北**	**兔57歲 煞東**	**虎58歲 煞南**
碓磨門 外正東	占門爐 外東北	房床廁 外東北	倉庫碓 外東北	廚灶床 外東北	碓磨栖 外東北	占大門 外東北	房床爐 房內東

日期	星期	節日節氣	農曆	干支	每日宜忌	每日吉時	每日沖煞	每日胎神占方
16	一		十八	丙辰	宜：祈福、酬神、齋醮、嫁娶、出火、動土、安床、入宅、安香、洽爐、入殮、破土 **忌：**開光、上官、赴任、開市、火葬、進金	子寅卯午	**狗50歲 煞南**	廚灶栖 外正東
17	二		十九	丁巳	宜：祈福、開光、酬神、設醮、訂婚、嫁娶、動土、安床、掛匾 **忌：**開市、入宅、安香、上官、赴任、開刀、入殮、火葬	子辰巳午	**豬49歲 煞東**	倉庫床 外正東
18	三		二十	戊午	宜：嫁娶、入殮、除靈 **忌：**開市、入宅、安香、造船橋、火葬	寅卯辰巳	**鼠48歲 煞北**	房床碓 外正東
19	四		廿一	己未	**逢受死凶日又逢開，忌吉喜喪事均不取** 宜：除靈	子卯巳午	**牛47歲 煞西**	占門廁 外正東
20	五		廿二	庚申	宜：出行、買車、裁衣、合帳、嫁娶、動土、安灶、入殮、破土、火葬、進金、安葬 **忌：**開光、安機械、入宅、安香、安門	丑卯辰巳	**虎46歲 煞南**	碓磨爐 外東南
21	六		廿三	辛酉	宜：祈福、酬神 **忌：**開光、動土、嫁娶、出行、開市、入殮、火葬	子丑寅午	**兔45歲 煞東**	廚灶門 外東南
22	日		廿四	壬戌	**四離逢三喪，吉喜喪事不取** 宜：祭祀、沐浴、塞穴、斷蟻	子丑巳午	**龍44歲 煞北**	倉庫栖 外東南
23	一	秋分	廿五	癸亥	宜：開光、作灶 **忌：**嫁娶、入宅、安香、動土、入殮、火葬、進金	寅卯辰午	**蛇43歲 煞西**	占房床 外東南

30	29	28	27	26	25	24
一	日	六	五	四	三	二
		教師節				
初二	九月初一	三十	廿九	廿八	廿七	廿六
庚午	己巳	戊辰	丁卯	丙寅	乙丑	甲子
宜：裁衣、合帳、嫁娶、入殮、除靈 忌：開市、上樑、火葬、進金	宜：開市、祈福、酬神、裁衣、合帳、出火、動土、安床灶、入宅、安香、掛匾 忌：開光、嫁娶、安機械、入殮、火葬	宜：出行、買車、裁衣、合帳、嫁娶、安床灶、入殮、破土 忌：開光、上官、入宅、安香、火葬、進金	**逢月破大耗，凶日宜事不取** 宜：求醫、治病、破屋壞垣	宜：開光、除靈、火葬、進金、安葬 忌：入宅、安香、入殮、安床	宜：祈福、開光、酬神、齋醮、訂婚、裁衣、動土、安床灶、掛匾、入殮、除靈、破土、火葬、進金、安葬 忌：入宅、安香、嫁娶、開市	**逢是日凶多吉少，宜事不取** 宜：祭祀、沐浴、平治道塗
丑卯 辰巳	子卯 巳午	寅卯 辰巳	子辰 巳午	子寅 卯午	寅卯 辰巳	子丑 卯巳
鼠36歲 煞北	**豬37歲 煞東**	**狗38歲 煞南**	**雞39歲 煞西**	**猴40歲 煞北**	**羊41歲 煞東**	**馬42歲 煞南**
占碓磨 外正南	占門床 外正南	房床栖 外正南	倉庫門 外正南	廚灶爐 外正南	碓磨廁 外東南	占門碓 外東南

二〇一九年國曆十月

日期	星期	節日節氣	農曆	干支	每日宜忌	每日吉時	每日沖煞	每日胎神占方
1	二		九月 初三	辛未	**受死又逢重喪，吉喜喪事均不取**	子寅卯午	**牛35歲 煞西**	廚灶廁 外西南
2	三		初四	壬申	**宜：**嫁娶、出火、動土、安灶、入宅、入殮、破土、火葬、進金、安葬 **忌：**安香、開市、穿井、上官、赴任、安床	子辰巳午	**虎34歲 煞南**	倉庫爐 外西南
3	四		初五	癸酉	**宜：**入殮、除靈 **忌：**動土、出行、上官、赴任、嫁娶、開市、火葬	寅辰巳午	**兔33歲 煞東**	房床門 外西南
4	五		初六	甲戌	**宜：**出行、買車、酬神、開光、訂婚、嫁娶、出火、動土、安床、開市、入宅、安香 **忌：**安門、入殮、火葬、進金	子丑卯午	**龍32歲 煞北**	門雞栖 外西南
5	六		初七	乙亥	**宜：**出行、買車、牧養、納畜、訂婚、裁衣、合帳、出火、安灶床、入宅、掛匾 **忌：**開光、嫁娶、開市、動土、入殮、火葬、進金	子丑卯辰	**蛇31歲 煞西**	碓磨床 外西南
6	日		初八	丙子	**逢真滅沒凶日，宜事不取**	子丑寅卯	**馬30歲 煞南**	廚灶碓 外西南
7	一		初九	丁丑	**宜：**開市、牧養、酬神、齋醮、出行、買車、訂婚、動土、安灶、入宅、安香、入廟、掛匾、入殮、除靈、破土、火葬、安葬 **忌：**嫁娶、開光	子辰巳午	**羊29歲 煞東**	倉庫廁 外正西

8	9	10	11	12	13	14	15
二	三	四	五	六	日	一	二
寒露		雙十國慶紀念日					
初十	十一	十二	十三	十四	十五	十六	十七
戊寅	己卯	庚辰	辛巳	壬午	癸未	甲申	乙酉
節前宜：開光、訂婚、裁衣、動土、入殮、除靈、破土、火葬、安葬 **節後忌：受死又逢重喪，吉喜喪事均不取**	**宜：**酬神、設齋醮、出行、買車、訂婚、裁衣、嫁娶、動土、安床灶、入宅、安香、掛匾、入殮、除靈、破土、火葬、安葬 **忌：**開光、上官	**逢月破大耗凶日，宜事不取** **宜：**沐浴、破屋壞垣	**宜：**訂婚 **忌：**嫁娶、開刀、入宅、安香、入殮、火葬、進金	**宜：**開市、開光、酬神、齋醮、訂婚、嫁娶、出火、動土、安床灶、入宅、安香、掛匾、入殮、除靈、破土、火葬、安葬 **忌：**出行、造船橋	**宜：**作灶、入殮、除靈 **忌：**開市、嫁娶、開光、火葬、進金	**宜：**出行、買車、祈福、開光、齋醮、酬神、訂婚、嫁娶、出火、動土、安灶、入宅、安香、洽爐、除靈 **忌：**開市、入殮、火葬、進金	**宜：**酬神、安床、作灶、入殮、除靈、破土 **忌：**開光、嫁娶、入宅、安香、安機械、火葬、進金
寅卯 辰巳	子卯 巳午	子卯 辰巳	子寅 卯午	丑辰 巳午	寅卯 辰巳	子卯 巳午	子丑 辰巳
猴28歲 煞北	**雞27歲 煞西**	**狗26歲 煞南**	**豬25歲 煞東**	**鼠24歲 煞北**	**牛23歲 煞西**	**虎22歲 煞南**	**兔21歲 煞東**
房床爐 外正西	占大門 外正西	碓磨栖 外正西	廚灶床 外正西	倉庫碓 外西北	房床廁 外西北	占門爐 外西北	碓磨門 外西北

日期	星期	節日節氣	農曆	干支	每日宜忌	每日吉時	每日沖煞	每日胎神占方
16	三		十八	丙戌	宜：出行、買車、祈福、開光、酬神、訂婚、裁衣、合帳、嫁娶、安床 忌：開市、入宅、安香、動土、入殮、除靈、火葬、進金	丑寅 卯午	龍20歲 煞北	廚灶栖 外西北
17	四		十九	丁亥	宜：出行、買車、裁衣、合帳、安床、入宅、安香、開市 忌：開光、上官、赴任、動土、入殮、除靈、火葬、進金	子丑 辰午	蛇19歲 煞西	倉庫床 外西北
18	五		二十	戊子	宜：安床、開市 忌：嫁娶、入宅、安香、火葬、進金	寅卯 辰巳	馬18歲 煞南	房床碓 外正北
19	六		廿一	己丑	**季月逢丑日謂正紅紗，宜事不取**	子卯 巳午	羊17歲 煞東	占門廁 外正北
20	日		廿二	庚寅	**逢受死凶日，忌吉喜事** 宜：入殮、除靈、破土、火葬、安葬	子卯 辰巳	猴16歲 煞北	碓磨爐 外正北
21	一		廿三	辛卯	宜：牧養、納畜、祈福、酬神、齋醮、裁衣、出火、安床灶、入宅、安香、洽爐、掛匾、入殮、除靈、火葬、安葬 忌：嫁娶、開光、出行	丑寅 卯午	雞15歲 煞西	廚灶門 外正北
22	二		廿四	壬辰	**逢月破大耗凶日，宜事不取** 宜：沐浴	子辰 巳午	狗14歲 煞南	倉庫栖 外正北
23	三		廿五	癸巳	宜：訂婚、裁衣、合帳、安床 忌：開光、嫁娶、入宅、安香、入殮、火葬	卯辰 巳午	豬13歲 煞東	占房床 房內北

31	30	29	28	27	26	25	24
四	三	二	一	日	六	五	四
						臺灣光復節	霜降
初四	初三	初二	十月初一	廿九	廿八	廿七	廿六
辛丑	庚子	己亥	戊戌	丁酉	丙申	乙未	甲午
逢正紅紗大凶，宜事不取 宜：祭祀	宜：安床、牧養、入殮、除靈、火葬、進金、安葬 **忌：**開光、入宅、安香、動土、嫁娶	**是日凶多吉少，宜事少取** 宜：沐浴、上官赴任	**是日凶多吉少，宜事不取**	宜：裁衣、合帳、嫁娶、安床、入殮、除靈、火葬、進金、安葬 **忌：**開刀、上官、安門、入宅、安香	宜：出行、買車、牧養、納畜、祈福、開光、酬神、齋醮、訂婚、嫁娶、出火、入宅、安香、洽爐、開市、除靈 **忌：**上官、赴任、入殮、火葬	宜：作灶、入殮、除靈 **忌：**嫁娶、開光、動土、入宅、安香	宜：出行、買車、開光、酬神、齋醮、訂婚、裁衣、嫁娶、出火、安床灶、入宅、安香、掛匾、入殮、除靈、火葬、安葬 **忌：**開市、安機械
丑寅卯午	子卯辰巳	子寅卯午	寅卯巳午	子辰巳午	子丑卯午	子卯辰巳	丑卯巳午
羊5歲 煞東	**馬6歲 煞南**	**蛇7歲 煞西**	**龍8歲 煞北**	**兔9歲 煞東**	**虎10歲 煞南**	**牛11歲 煞西**	**鼠12歲 煞北**
廚灶廁 房內南	占碓磨 房內南	占門床 房內南	房床栖 房內南	倉庫門 房內北	廚灶爐 房內北	碓磨廁 房內北	占門碓 房內北

二〇一九年國曆十一月

日期	星期	節日節氣	農曆	干支	每日宜忌	每日吉時	每日沖煞	每日胎神占方
1	五		十月初五	壬寅	**逢受死凶日吉喜事不取** 宜：入殮、除靈、火葬、安葬	子辰巳午	猴4歲 煞北	倉庫爐 房內南
2	六		初六	癸卯	宜：出行、買車、牧養、開光、酬神、齋醮、訂婚、裁衣、嫁娶、出火、安床灶、入宅、安香、入殮、除靈、火葬、安葬 忌：安機械	卯辰巳午	雞3歲 煞西	房床門 房內南
3	日		初七	甲辰	**月破大耗大凶，宜事不取** 宜：沐浴	子卯巳午	狗2歲 煞南	門雞栖 房內東
4	一		初八	乙巳	宜：訂婚、嫁娶 忌：造船橋、開刀、入殮、除靈、火葬、進金	子卯辰巳	豬1歲 煞東	碓磨床 房內東
5	二		初九	丙午	宜：出行、買車、開市、酬神、訂婚、裁衣、出火、安床、入宅、安香、入廟、掛匾、入殮、除靈、火葬、安葬 忌：開光、嫁娶、上樑、入學	丑寅卯午	鼠60歲 煞北	廚灶碓 房內東
6	三		初十	丁未	**是日凶多吉少，宜事不取** 宜：畋獵、祭祀	子辰巳午	牛59歲 煞西	倉庫廁 房內東
7	四		十一	戊申	**逢四絕凶日，宜事少取** 宜：祭祀、沐浴、求醫、治病	卯辰巳午	虎58歲 煞南	房床爐 房內東

8	9	10	11	12	13	14	15
五	六	日	一	二	三	四	五
立冬							
十二	十三	十四	十五	十六	十七	十八	十九
己酉	庚戌	辛亥	壬子	癸丑	甲寅	乙卯	丙辰
節前忌：嫁娶、上官、赴任 **節後宜：**出行、買車、開市、開光、酬神、齋醮、動土、除靈、破土	**宜：**入殮、除靈、破土、火葬、進金、安葬 **忌：**入宅、安香、開刀、嫁娶、安機械	**是日凶多吉少，宜事少取** **宜：**祭祀、沐浴	**宜：**出行、買車、裁衣、合帳、出火、動土、入宅、安香 **忌：**嫁娶、開光、安床、開市、入殮、除靈、火葬	**宜：**開光、裁衣、合帳 **忌：**入宅、嫁娶、入殮、火葬	**宜：**出行、買車、開市、裁衣、合帳、安床、動土、入宅、洽爐、入殮、除靈、破土 **忌：**開光、嫁娶、牧養、納畜、火葬、進金	**宜：**出行、買車、牧養、開光、酬神、齋醮、訂婚、動土、安床灶、入宅、安香、掛匾、入殮、除靈、破土、火葬、安葬 **忌：**嫁娶、開市	**宜：**祈福、酬神、裁衣、合帳、嫁娶、安床、入宅、安香、洽爐、入殮、火葬、進金、安葬 **忌：**開光、動土、上官、赴任
子寅巳午	子丑卯巳	丑寅卯午	子丑辰巳	寅卯巳午	子寅卯午	子丑卯巳	子寅卯午
兔57歲 煞東	**龍56歲 煞北**	**蛇55歲 煞西**	**馬54歲 煞南**	**羊53歲 煞東**	**猴52歲 煞北**	**雞51歲 煞西**	**狗50歲 煞南**
占大門 外東北	碓磨栖 外東北	廚灶床 外東北	倉庫碓 外東北	房床廁 外東北	占門爐 外東北	碓磨門 外正東	廚灶栖 外正東

日期	星期	節日節氣	農曆	干支	每日宜忌	每日吉時	每日沖煞	每日胎神占方
16	六		二十	丁巳	**月破大耗又逢正四廢凶日，宜事不取** 宜：破屋、壞垣	子辰 巳午	**豬49歲** **煞東**	倉庫床 外正東
17	日		廿一	戊午	**宜：**開光、訂婚、安灶、入殮、除靈、火葬、進金、安葬 **忌：入宅、安香、安床、嫁娶、動土**	寅卯 辰巳	**鼠48歲** **煞北**	房床碓 外正東
18	一		廿二	己未	**宜：**牧養、納畜、祈福、開光、齋醮、訂婚、動土、入殮、除靈、破土、火葬、進金、安葬 **忌：嫁娶、入宅、安香、開市、安機械**	子卯 巳午	**牛47歲** **煞西**	占門廁 外正東
19	二		廿三	庚申	**受死逢收凶日，吉喜事不取** 宜：入殮、除靈	丑卯 辰巳	**虎46歲** **煞南**	碓磨爐 外東南
20	三		廿四	辛酉	**宜：**開光、祈福、酬神、齋醮、出行、買車、嫁娶、動土、安床、除靈、破土 **忌：入宅、安香、上官、赴任、入學、入殮、火葬、進金**	子丑 寅午	**兔45歲** **煞東**	廚灶門 外東南
21	四		廿五	壬戌	**宜：**裁衣、合帳、安床 **忌：開光、嫁娶、入宅、安香、入殮、火葬**	子丑 巳午	**龍44歲** **煞北**	倉庫棲 外東南
22	五	小雪	廿六	癸亥	**是日凶多吉少，宜事少取** 宜：祭祀、沐浴	寅卯 辰午	**蛇43歲** **煞西**	占房床 外東南
23	六		廿七	甲子	**宜：**出行、買車、開市、牧養、酬神、訂婚、裁衣、嫁娶、動土、掛匾、入殮、除靈、破土、火葬、進金、安葬 **忌：開光、安床、入宅**	子丑 卯巳	**馬42歲** **煞南**	占門碓 外東南

30	29	28	27	26	25	24
六	五	四	三	二	一	日
初五	初四	初三	初二	十一月 初一	廿九	廿八
辛未	庚午	己巳	戊辰	丁卯	丙寅	乙丑
宜：祈福、酬神、開光、訂婚、裁衣、合帳、動土、安床、掛匾、入殮、除靈、破土、火葬、進金、安葬 忌：出行、開市、嫁娶、入宅	宜：祈福、酬神、齋醮、牧養、納畜、開光、訂婚、裁衣、嫁娶、動土、掛匾、入殮、除靈、破土、火葬、進金、安葬 忌：入宅、安香、安床	**逢月破大耗凶日，宜事少取** 宜：求醫、治病、破屋壞垣	宜：裁衣、合帳、嫁娶、安床、入殮、火葬、進金、安葬 忌：開光、造船橋、動土、入宅、安香、安機械	宜：出行、買車、開市、牧養、開光、酬神、訂婚、出火、動土、安床、入宅、安香、掛匾、入殮、除靈、破土、火葬、安葬 忌：嫁娶、剃頭	宜：出行、買車、開市、牧養、納畜、訂婚、嫁娶、動土、安床、入宅、洽爐、入殮、除靈、破土、火葬、進金、安葬 忌：安香、造床	**是日凶多吉少，宜事少取** 宜：會親友、補垣、塞穴、牧養
子寅卯午	丑卯辰巳	子卯巳午	寅卯辰巳	子辰巳午	子寅卯午	寅卯辰巳
牛35歲 煞西	**鼠36歲 煞北**	**豬37歲 煞東**	**狗38歲 煞南**	**雞39歲 煞西**	**猴40歲 煞北**	**羊41歲 煞東**
廚灶廁 外西南	占碓磨 外正南	占門床 外正南	房床栖 外正南	倉庫門 外正南	廚灶爐 外正南	碓磨廁 外東南

二〇一九年國曆十二月

日期	星期	節日節氣	農曆	干支	每日宜忌	每日吉時	每日沖煞	每日胎神占方
1	日		十一月初六	壬申	**受死逢重喪，吉喜喪事均忌** **宜**：沐浴、補垣、塞穴	子辰巳午	**虎34歲煞南**	倉庫爐外西南
2	一		初七	癸酉	**宜**：祈福、酬神、齋醮、出行、買車、動土、開市、除靈、破土 **忌**：嫁娶、開光、入宅、安香、開刀、入殮、火葬、進金	寅辰巳午	**兔33歲煞東**	房床門外西南
3	二		初八	甲戌	**宜**：祈福、酬神、齋醮、出行、買車、訂婚、嫁娶、動土、入殮、除靈、破土、火葬、進金、安葬 **忌**：造船橋、入宅、安香、開刀	子丑卯午	**龍32歲煞北**	門雞栖外西南
4	三		初九	乙亥	**宜**：出行、買車 **忌**：嫁娶、動土、安機械、入殮、除靈、火葬	子丑卯辰	**蛇31歲煞西**	碓磨床外西南
5	四		初十	丙子	**宜**：出行、買車、酬神、齋醮、訂婚、裁衣、嫁娶、動土、掛匾、開市、牧養、入殮、除靈、破土、火葬、安葬 **忌**：開光、安床、入宅、安香	子丑寅卯	**馬30歲煞南**	廚灶碓外西南
6	五		十一	丁丑	**是日凶多吉少，宜事不取** **宜**：斷蟻	子辰巳午	**羊29歲煞東**	倉庫廁外正西

15	14	13	12	11	10	9	8	7
日	六	五	四	三	二	一	日	六
								大雪
二十	十九	十八	十七	十六	十五	十四	十三	十二
丙戌	乙酉	甲申	癸未	壬午	辛巳	庚辰	己卯	戊寅
宜：開光、祈福、酬神、齋醮、訂婚、動土、除靈、破土 **忌：**安床、造船橋、嫁娶、入宅、安香、入殮、火葬	**宜：**安床、作灶、入殮、除靈 **忌：**開市、嫁娶、開刀、火葬	**宜：**出行、買車、祈福、酬神、齋醮、訂婚、裁衣、嫁娶、出火、安灶、入宅、安香、洽爐、掛匾、入殮、除靈 **忌：**開光、動土、開市、安葬	**宜：**裁衣、合帳、出火、安床 **忌：**嫁娶、動土、入宅、入殮、火葬	**逢月破大耗凶日，宜事不取** **宜：**沐浴、破屋壞垣	**宜：**裁衣、合帳、動土、安床灶 **忌：**開光、嫁娶、入宅、安香、安葬	**宜：**牧養、祈福、酬神、齋醮、裁衣、嫁娶、出火、動土、安床、入宅、安香、掛匾、入殮、破土、火葬、進金、安葬 **忌：**開光、出行	**逢受死凶日，宜事少取** **宜：**入殮、除靈、破土	**節前宜：**出行、買車、開光、訂婚、嫁娶、安床、入殮、除靈、火葬、進金、安葬 **節後宜：**入殮、除靈、火葬、進金、安葬 **忌：**入宅
丑寅卯午	子丑辰巳	子卯巳午	寅卯辰巳	丑辰巳午	子寅卯午	子卯辰巳	子卯巳午	寅卯辰巳
龍20歲 煞北	**兔21歲 煞東**	**虎22歲 煞南**	**牛23歲 煞西**	**鼠24歲 煞北**	**豬25歲 煞東**	**狗26歲 煞南**	**雞27歲 煞西**	**猴28歲 煞北**
廚灶栖外西北	碓磨門外西北	占門爐外西北	房床廁外西北	倉庫碓外西北	廚灶床外正西	碓磨栖外正西	占大門外正西	房床爐外正西

日期	16	17	18	19	20	21	22	23
星期	一	二	三	四	五	六	日	一
節日節氣							冬至	
農曆	廿一	廿二	廿三	廿四	廿五	廿六	廿七	廿八
干支	丁亥	戊子	己丑	庚寅	辛卯	壬辰	癸巳	甲午
每日宜忌	宜：牧養、納畜、訂婚、裁衣、合帳、動土 忌：安床、入宅、安香、嫁娶、入殮、火葬、進金	宜：入殮、除靈 忌：開光、動土、嫁娶、入宅、安香、火葬、進金	宜：祈福、開市、酬神、訂婚、出火、動土、安床、入宅、安香、牧養、納畜 忌：嫁娶、出行、開光、入殮、除靈、火葬、進金	宜：開市、開光、裁衣、合帳、安床、掛匾、入殮、除靈、火葬、進金、安葬 忌：嫁娶、入宅、安香、動土、穿井	**逢受死凶日，宜事少取** 宜：平治道塗	**四離凶日，吉喜事不取** 宜：入殮、破土、火葬、進金、安葬	宜：開光、裁衣、合帳、動土、安灶 忌：開市、安機械、嫁娶、火葬	**逢月破大耗凶日，宜事不取** 宜：求醫、治病、破屋壞垣
每日吉時	子丑 辰午	寅卯 辰巳	子卯 巳午	子卯 辰巳	丑寅 卯午	子辰 巳午	卯辰 巳午	丑卯 巳午
每日沖煞	蛇19歲 煞西	馬18歲 煞南	羊17歲 煞東	猴16歲 煞北	雞15歲 煞西	狗14歲 煞南	豬13歲 煞東	鼠12歲 煞北
每日胎神占方	倉庫床 外西北	房床碓 外正北	占門廁 外正北	碓磨爐 外正北	廚灶門 外正北	倉庫棲 外正北	占房床 房內北	占門碓 房內北

31	30	29	28	27	26	25	24
二	一	日	六	五	四	三	二
初六	初五	初四	初三	初二	十二月 初一	三十	廿九
壬寅	辛丑	庚子	己亥	戊戌	丁酉	丙申	乙未
宜：牧養、納畜、訂婚、裁衣、合帳、安床、掛匾、入殮、除靈、火葬、進金、安葬 忌：開光、嫁娶、動土、安機械、開市、入宅、安香	宜：祈福、酬神、訂婚、裁衣、合帳、嫁娶、動土 忌：出行、入宅、安香、入殮、除靈、火葬、進金	**是日凶多吉少，宜事不取**	宜：出行、買車、裁衣、合帳 忌：開市、安床、嫁娶、入宅、火葬	宜：祈福、酬神、訂婚、動土、除靈、破土 忌：開光、嫁娶、入宅	**宜事不取**	宜：出行、買車、酬神、齋醮、訂婚、嫁娶、出火、入宅、安香、洽爐、掛匾、入殮、除靈、火葬、進金、安葬 忌：安床、開光、動土、開市	宜：開光、祈福、酬神、齋醮、出行、買車、安床、入宅、安香、洽爐、入殮、除靈 忌：安門、動土、上官、赴任、嫁娶、火葬、進金
子辰 巳午	丑寅 卯午	子卯 辰巳	子寅 卯午	寅卯 巳午	子辰 巳午	子丑 卯午	子卯 辰巳
猴4歲 煞北	**羊5歲 煞東**	**馬6歲 煞南**	**蛇7歲 煞西**	**龍8歲 煞北**	**兔9歲 煞東**	**虎10歲 煞南**	**牛11歲 煞西**
倉庫爐 房內南	廚灶廁 房內南	占碓磨 房內南	占門床 房內南	房床栖 房內南	倉庫門 房內北	廚灶爐 房內北	碓磨廁 房內北

二〇二〇年國曆一月

日期	星期	節日節氣	農曆	干支	每日宜忌	每日吉時	每日沖煞	每日胎神占方
1	三	元旦	十二月初七	癸卯	**受死逢重喪，吉喜喪事均忌** **宜：**平治道塗	卯辰巳午	**雞3歲 煞西**	房床門 房內南
2	四		初八	甲辰	**宜：**出行、買車、牧養、開光、酬神、齋醮、訂婚、嫁娶、出火、動土、安床、入宅、安香、掛匾、入殮、破土、火葬、安葬 **忌：**開市	子卯巳午	**狗2歲 煞南**	門雞栖 房內東
3	五		初九	乙巳	**宜：**開光、祈福、酬神、設醮、出火、動土、安床灶、入宅、安香 **忌：**嫁娶、開市、安門、上樑、入殮、除靈、火葬	子卯辰巳	**豬1歲 煞東**	碓磨床 房內東
4	六		初十	丙午	**月破大耗又逢正四廢凶日，宜事不取** **宜：**求醫、治病、破屋壞垣	丑寅卯午	**鼠60歲 煞北**	廚灶碓 房內東
5	日		十一	丁未	**宜：**開光、祈福、酬神、設齋醮、出行、買車、動土、安床、入殮、除靈、破土、火葬、進金、安葬 **忌：**開市、入宅、安香、嫁娶、剃頭	子辰巳午	**牛59歲 煞西**	倉庫廁 房內東
6	一	小寒	十二	戊申	**節前宜：**出行、開光、酬神、設齋醮、出火、安灶、入宅、安香、掛匾、入殮、除靈、火葬、安葬 **節後宜：**開市、入殮、除靈、安葬	卯辰巳午	**虎58歲 煞南**	房床爐 房內東

7	8	9	10	11	12	13	14	15
二	三	四	五	六	日	一	二	三
十三	十四	十五	十六	十七	十八	十九	二十	廿一
己酉	庚戌	辛亥	壬子	癸丑	甲寅	乙卯	丙辰	丁巳
受死又逢重喪，吉喜喪事均不取 宜：補垣、塞穴	宜：訂婚、裁衣、合帳、嫁娶、作灶 忌：開光、安床、出行、造船橋、開市、入宅、入殮、火葬	宜：祈福、酬神、設醮、出火、動土、安灶、入宅、安香、開市、牧養、納畜 忌：開光、嫁娶、安床、入殮、除靈、火葬、安葬、進金	宜：裁衣、合帳、安床、牧養、納畜、入殮、除靈、火葬、進金、安葬 忌：嫁娶、入宅、安香、動土、破土、開刀	**正紅紗又逢三喪，吉喜喪事均不取**	宜：出行、買車、訂婚、裁衣、嫁娶、出火、動土、安床、入宅、掛匾、開市、入殮、除靈、破土、火葬、安葬 忌：開光、牧養、納畜、安香	宜：出行、買車、牧養、納畜、訂婚、裁衣、合帳、嫁娶、安床、入殮、火葬、進金、安葬 忌：入宅、安香、開市、除靈、上樑	宜：裁衣、合帳、嫁娶 忌：造船橋、入宅、安香、入殮、火葬	**正四廢又逢重日，吉喜喪事均不取** 宜：祭祀
子寅巳午	子丑卯巳	丑寅卯午	子丑辰巳	寅卯巳午	子寅卯午	子丑卯巳	子寅卯午	子辰巳午
兔57歲 煞東	**龍56歲 煞北**	**蛇55歲 煞西**	**馬54歲 煞南**	**羊53歲 煞東**	**猴52歲 煞北**	**雞51歲 煞西**	**狗50歲 煞南**	**豬49歲 煞東**
占大門 外東北	碓磨栖 外東北	廚灶床 外東北	倉庫碓 外東北	房床廁 外東北	占門爐 外東北	碓磨門 外正東	廚灶栖 外正東	倉庫床 外正東

日期	16	17	18	19	20	21	22
星期	四	五	六	日	一	二	三
節日節氣					大寒		
農曆	十二月 廿二	廿三	廿四	廿五	廿六	廿七	廿八
干支	戊午	己未	庚申	辛酉	壬戌	癸亥	甲子
每日宜忌	宜：出行、買車、嫁娶、安床、入宅、安香、洽爐、入殮、除靈、火葬、進金、安葬 忌：開光、安機械、開市、動土、破土	**月破大耗又逢重喪，吉喜喪事均不取**	宜：出行、買車、開市、開光、訂婚、裁衣、合帳、嫁娶、出火、安灶、入宅、洽爐、掛匾、入殮、除靈、火葬、進金、安葬 忌：安床、開刀	**逢受死凶日，忌吉喜事** 宜：入殮、除靈、火葬、安葬	宜：作灶 忌：開光、安床、開市、入宅、安香、嫁娶、安葬	宜：開光、作灶 忌：開市、安床、嫁娶、入殮、火葬、安葬	宜：祈福、酬神、齋醮、訂婚、裁衣、合帳、安床灶、牧養、納畜、入殮、除靈、火葬、進金、安葬 忌：動土、入宅、安香、嫁娶
每日吉時	寅卯 辰巳	子卯 巳午	丑卯 辰巳	子丑 寅午	子丑 巳午	寅卯 辰午	子丑 卯巳
每日沖煞	**鼠48歲 煞北**	**牛47歲 煞西**	**虎46歲 煞南**	**兔45歲 煞東**	**龍44歲 煞北**	**蛇43歲 煞西**	**馬42歲 煞南**
每日胎神占方	房床碓 外正東	占門廁 外正東	碓磨爐 外東南	廚灶門 外東南	倉庫栖 外東南	占房床 外東南	占門碓 外東南

23	24
四	五
	除夕
廿九	三十
乙丑	丙寅
正紅紗又逢三喪，吉喜喪事均不取	**宜：**出行、買車、訂婚、嫁娶、安床、入宅、洽爐、除靈、火葬、進金、安葬 **忌：**開市、安門、開光、入殮
寅卯辰巳	子寅卯午
羊41歲 煞東	**猴40歲 煞北**
碓磨廁 外東南	廚灶爐 外正南

附錄

豬年12生肖運勢

豬年即將到來，
十二個生肖，十二種運勢！
從一月到十二月，
各個生肖的月份運勢、
該注意的事項，這裡通通有。

鼠

12、24、36、48、60、72、84、96、108歲

今年運勢概況：
❶逢天空之星，交友慎重注意，恐有色情之厄。
❷桃花糾纏亦須防，交際應酬盡量少，夫妻感情自然好。
❸妙逢太陽吉星高照，人逢喜事氣洋洋，諸事大吉大利。

農曆 1月
運勢指數：★★
勿送喪及探病，勿管閒事以免招禍，若求財宜辛苦奔波，遠方可得。

農曆 2月
運勢指數：★★★
逢刑勾絞，處處小心，恐有朋友反背陷害，造成風波或傷害，幸有紅鸞星動。

農曆 3月
運勢指數：★★★
注意朋友連累官非，幸有三合金匱吉星照，逢凶化吉，財喜盈門。

農曆 4月
運勢指數：★★★★★
喜逢貴人來相助，諸事能順通，家中生百福，戶外納千祥諸事如意。

農曆 5月
運勢指數：★
年刑月破又逢耗，諸事小心防範，注意色情風波損財，有喜可破災，無喜百事來。

農曆 6月
運勢指數：★★★
雖有龍德吉星照宮，可是美中亦不足，逢殺厄諸事不可強求為吉。

農曆 7月
運勢指數：★★
白虎入宮，易傷人，防血光之災，孝服或其他不測之事，可到福德廟拜拜保平安。

農曆 8月
運勢指數：★★★★★
吉星貴人相扶助，逢凶化吉，事事亨通，未婚緣分可期，已婚宜安分守己。

農曆 9月
運勢指數：★★
逢天狗星入宮，不利遠行，騎車留意，防損傷，病痛之憂，行善積德，自可安泰。

農曆 10月
運勢指數：★★
逢病符凶星入宮，注意身體健康，勿貪不義之財，得意須防失意時。

農曆 11月
運勢指數：★★★
雖有劍鋒凡事小心注意，幸有金匱星將星照臨，適時捐血可防血光之災。

農曆 12月
運勢指數：★★★★★
六合太陽吉星高照，廣結善緣自然可諸事順心，財利亨通，皆大歡喜。

牛

11、23、35、47、59、71、83、95、107歲

今年運勢概況：❶飛廉月殺凶星照臨，出外行車小心謹慎，以免意外發生。❷喪門凶星到宮，不利探病送喪，謹防孝服之災。❸卒暴星臨宮，注意身體健康，適時捐血可避災。

農曆1月
運勢指數：★★★★
謹防劫財或事業不順之憂，恐有美夢成空，妙有太陽高照，吉慶盈門。

農曆2月
運勢指數：★★★
行事小心謹防意外之災或官非之厄，勿管閒事，勿貪不義之財，修身積德。

農曆3月
運勢指數：★★
勿管他人事，以免禍事臨，凡事宜三思而後行，多行善積德，可有貴人來相助。

農曆4月
運勢指數：★★★★
須防官非纏身，幸有三合吉星高照，逢凶化吉，財喜並至，諸事順心。

農曆5月
運勢指數：★★★
刑害有傷，凡事三思而後行，不可自作誤聰明，注意修身，謹防酒色損財。

農曆6月
運勢指數：★
逢破大耗勿輕視，須防禍厄臨身，凡事常受阻礙，善道宜行，守己安份。

農曆7月
運勢指數：★★★
天喜逢貴，美德生香，安份守己財利亨通，喜有吉慶，未婚男女婚姻可期。

農曆8月
運勢指數：★★★
交友小心防連累，慎防血光之災，幸有三合解神臨，善心而行可逢貴人相助。

農曆9月
運勢指數：★★★★
天德福星喜臨來，財喜臨門多吉慶，自有貴人來扶持，諸事亨通名利雙收。

農曆10月
運勢指數：★★
不可言吉，須防意外飛來橫禍不可大意，修身積德，勿管他人事保平安。

農曆11月
運勢指數：★★★
謹防身體健康，喜逢六合吉星照臨，逢凶化吉，善心好德，諸事順暢。

農曆12月
運勢指數：★★★
伏吟須防多端又逢傷，若有喜事可化解，多行善事可避免血光之災。

虎

10、22、34、46、58、70、82、94、106歲

今年運勢概況：
❶太陰至臨，男人須注意身體或色情風波，女人大吉。
❷孤神凶星出現，夫妻恐有刑剋，宜互相體諒包容。
❸妙逢歲合，多行善德財利可得，逢凶化吉諸事吉慶。

農曆1月
運勢指數：★
伏吟劍鋒並至，交友小心謹慎提防，以免受害牽連或造成打鬥血光之災。

農曆2月
運勢指數：★★
太陽高照，貴人扶持，但天空入宮，勿管閒事，以免是非破財，防家庭風波。

農曆3月
運勢指數：★★
美中不足，勿送喪及食喪物，外出行車宜小心，勿貪不義之財，可免日後愁。

農曆4月
運勢指數：★★★
交友小心謹慎，以免暗中受害或夫妻刑剋，女人運佳當權，但勿大意。

農曆5月
運勢指數：★★★★
謹防小人陷害，引起官非之災，幸有金匱將星三合吉星，自有財福臨門。

農曆6月
運勢指數：★★
死符沖動，注意理財，勿貪不義財，免招無妄災，保守求安泰，注意身體健康。

農曆7月
運勢指數：★★
是月沖破逢耗，宜事事小心謹慎，切記勿強出頭，勿替人作保，財務量人為出。

農曆8月
運勢指數：★★★★★
龍德星逢紫微，事事可順利，家業興隆慶有餘，安份守己造福永祥宜。

農曆9月
運勢指數：★★
白虎入宮易傷人，防血光之災，孝服或其他不測之事，可到福德廟拜拜祈保平安。

農曆10月
運勢指數：★★★★★
喜逢天德，逢凶化吉生百福，福星拱照喜事多，善心積德財喜並至。

農曆11月
運勢指數：★★
天狗凶星入度，不利遠行，騎車留意，諸事不利，勿探病，防損傷病痛之憂。

農曆12月
運勢指數：★★★
須防多災多難，注意身體健康，恐夫妻刑剋，幸有天醫紅鸞星照吉祥。

兔

9、21、33、45、57、69、81、93、105歲

今年運勢概況：❶五鬼又官符，須防小人暗中陷害，惹出官災禍端。❷披頭凶星臨，須遠離口舌是非，注意禍厄近身。❸三合金匱吉星高照，逢凶化吉，財利亨通多吉慶。

農曆1月
運勢指數：★★★
是月宜注意身體健康，勿管他人事，防官符臨身，凡事宜節守，可免日後愁。

農曆2月
運勢指數：★★
須防強出頭惹來血光之災，適時捐血可避災，善德而行可保安康。

農曆3月
運勢指數：★★★★
太陽高照，男人順暢，切防無奇必有無禍生災，最好多行善積德。

農曆4月
運勢指數：★★★
勿送喪及食喪家物，但勿管他人事以免惹禍端，注意金錢被借難討之愁。

農曆5月
運勢指數：★★★★
恐有朋友暗中陷害，不可無防，幸有天喜吉星，善道而行凶去吉來保無災。

農曆6月
運勢指數：★★
五鬼入宮，錢財出入較大，易被朋友設計損財，喜有三合星高照，望大事化小。

農曆7月
運勢指數：★★★★
注意身體須防損財，幸有月德吉星，逢凶化吉，善道而行，可得吉慶之兆。

農曆8月
運勢指數：★
逢殺又耗至，出外行車須注意，勿遠行及夜行，多行善事，多種善因待得善果。

農曆9月
運勢指數：★★★★
紫微龍德吉星伴照，多行善德，財喜臨門，諸事如意，逢凶化吉，萬事無憂。

農曆10月
運勢指數：★★
白虎入宮，易傷人口，及其它不測之事，防朋友失信，損財倒會或借錢不還。

農曆11月
運勢指數：★★★
不可言吉，逢刑之月，出外行車宜謹慎小心，逢紅鸞星動，未婚男女婚姻可期。

農曆12月
運勢指數：★
逢天狗星入度，不利遠行，騎車留意，防損傷病痛之憂，善心好德能除災厄。

龍

8、20、32、44、56、68、80、92、104歲

今年運勢概況：❶紅鸞星動，未婚之人姻緣可望，女人吉慶。❷小耗凶星照宮，事事小心須防朋友陷害而損財。❸幸有月德星高照，逢凶化吉，貴人相助。

農曆1月
運勢指數：★★★
年初行廟祈安泰，天哭凶星不可來，求財求利宜奔波辛苦，守己安份財利可望。

農曆2月
運勢指數：★★
六害病符鎮守，宜謹慎提防，注意身體健康，勿作保以免受連累。

農曆3月
運勢指數：★★
伏吟劍鋒之遇，出外行車應小心謹慎，凡事須三思而行，不可妄動而造成遺憾。

農曆4月
運勢指數：★★★
太陽高照，貴人扶持，但天空入宮，勿管閒事，防是非破財及家庭風波。

農曆5月
運勢指數：★★★
勿送喪及食喪物，謹防血光之厄，幸有解神化吉，注意色情之事起風波。

農曆6月
運勢指數：★★
逢殺勾絞又太陰，恐有小人暗中陷害，官非之厄或口角多端之事發生，宜提防。

農曆7月
運勢指數：★★★★
雖有三合來拱照，亦不可大意而行，須防官符害自身，夜少出門吉。

農曆8月
運勢指數：★★★★★
喜有六合來照，德貴相助家門喜慶，未婚喜有望，已婚注意色情連累。

農曆9月
運勢指數：★
逢殺耗星臨，出外行車須注意，勿遠行及夜行，多行善事，多種善因待得善果。

農曆10月
運勢指數：★★★★
紫微星入宮，貴人高照，喜事重重，貴人提拔，遠行有財利可圖，生意興隆。

農曆11月
運勢指數：★
白虎入宮，易傷人口，及其它不測凶事，防朋友失信，損財倒會或借錢不還。

農曆12月
運勢指數：★★★
福德星入宮，萬事吉祥，恐有小人口角，勿管閒事，常到福德廟拜拜祈保平安。

蛇

7、19、31、43、55、67、79、91、103歲

今年運勢概況：❶逢驛馬星纏宮，辛苦奔波求財利可得，並有住宅變遷及出國機會。❷歲有逢破又大耗，諸事必須心操勞，行善積德來補償，謀事小心。❸宜安奉太歲，積德行善，祈求平安順利。

農曆1月
運勢指數：★★★
慎防口角多端而損財，幸有天德福德星照臨，貴人相助，家中生百福。

農曆2月
運勢指數：★★
逢天狗星入度，不利遠行，騎車留意，防損傷，諸事不如意，病痛之憂。

農曆3月
運勢指數：★★★
勿探病，諸事宜節守，腳踏實地，謹防朋友連累，以免引來牢獄之災。

農曆4月
運勢指數：★★★
注意血光之災，防朋友陷害，須防色情風波，多行善事，祈求順利安泰。

農曆5月
運勢指數：★★★
月有太陽星照臨來，掌握良緣來結成，女人須防產厄與水厄，以免事來憂。

農曆6月
運勢指數：★★
注意羊刃占月支，事事小心免猜疑，亦須防備孝服至，勿食喪事餐。

農曆7月
運勢指數：★★★
逢合化刑，大事可化小，須防交友禍端多，不慎恐有連累事事煩勞。

農曆8月
運勢指數：★★★★
交友小心免官災，喜有將星金匱三合來，心存正氣逢凶化吉，財喜雙至名利雙收。

農曆9月
運勢指數：★★★
注意身體健康，以免操煩，妙逢月德吉星照耀，善德而行，逢凶化吉。

農曆10月
運勢指數：★
逢破之月，交友須小心謹慎，避免損財之災，最好多行善德以保平安。

農曆11月
運勢指數：★★★★
積德造福，再逢紫微吉星高照，諸事吉祥多吉慶，財利通達全家迎。

農曆12月
運勢指數：★★
白虎入宮，易傷人口及其它不測之事，防朋友失信，損財倒會或借錢不還。

馬

6、18、30、42、54、66、78、90、102歲

今年運勢概況： ❶龍德紫微鑾駕，諸事皆吉利，財源廣進，自有財福喜臨門。❷天厄凶星至，交友防小人陷害，出外行車宜小心謹慎。❸幸有解神吉星，逢凶化吉，財喜盈門。

農曆1月
運勢指數：★★★★★
常到福德廟拜拜，祈求好人來牽成，壞人勿近身，妙有三合吉星，逢凶化吉。

農曆2月
運勢指數：★★★★
已婚男女注意婚外情，喜有多位吉星高照，善德而行，財喜相隨，諸事免憂愁。

農曆3月
運勢指數：★★★
天狗凶星至，不利遠行，騎車留意，防損傷病痛之憂，逢天解星，望大事化小。

農曆4月
運勢指數：★★
逢病符凶星入宮，注意身體健康，勿貪不義之財，得意須防失意時。

農曆5月
運勢指數：★★★
逢刑月令有阻礙，再遇劍鋒也來排，須防血光之災，善道而行可化解。

農曆6月
運勢指數：★★★★
注意身體健康，喜逢六合太陽吉星高照，逢凶化吉，貴人相助，家中生百福。

農曆7月
運勢指數：★★★
本月求財求利遠方勞，須防身體不堪操，勿貪不義財，亦須注意孝服近身。

農曆8月
運勢指數：★★★★
紅鸞星動逢喜來，未婚男女有緣來，已婚之人心宜定，否則逢害又損財。

農曆9月
運勢指數：★★★★
三合吉星來照臨，諸事順利都可行，行事之前須三思，以免有官非之災。

農曆10月
運勢指數：★★★★★
喜有月德貴人來相助，生意興隆財利亨通，吉慶來臨諸事無憂。

農曆11月
運勢指數：★
此遇破月災殺至，出外行車須注意，謹防不測災厄臨，以免破財受害。

農曆12月
運勢指數：★★★★★
喜有紫微龍德照臨，逢凶化吉喜事臨門，諸事按步而行，自有貴人扶助。

羊

5、17、29、41、53、65、77、89、101歲

今年運勢概況：❶白虎凶星到宮，交友小心注意，最好常至福德廟拜保平安。❷華蓋星臨，外緣佳，貴人相助，名利雙收。❸天哭凶星臨，出外小心，閒事勿管，以免災殃至。

農曆 1月

運勢指數：★★★★

天喜紫微吉星多，春來百福納千祥，諸事順利又亨通，財源廣進慶有餘。

農曆 2月

運勢指數：★★★★

金匱天解將星齊臨，可助財源順利來，須防血光，心宜善行福星化之。

農曆 3月

運勢指數：★★★

勿管他人事，免惹口角與官非，幸有天德福星至，多行善積德，諸事順利。

農曆 4月

運勢指數：★★

逢天狗星入度，不利遠行，騎車留意，防損傷諸事不如意，血光病痛之憂。

農曆 5月

運勢指數：★★★

喜逢六合精神爽，得意從心願，不義之財勿貪，更應多行善造福。

農曆 6月

運勢指數：★

伏吟遇劍鋒，處處小心防血光之災，勿管他人事，則免來日憂，交友注意防連累。

農曆 7月

運勢指數：★★★

慎防損財或出國遠遊，幸有太陽吉星高照，逢凶化吉，財喜盈門。

農曆 8月

運勢指數：★★★

勿送喪及食喪家物，出外行車小心謹慎，以免災厄降臨，善心積德自有貴人相助。

農曆 9月

運勢指數：★★

勾絞星臨，莫道財丁並進，慎防不測災，勿管閒事，免意外或血光之愁。

農曆 10月

運勢指數：★★★

遇飛官符至，逢三合解化，若無光中慮，恐有暗中憂，慎防強出頭引來日後憂。

農曆 11月

運勢指數：★★

防桃花引起的家庭風波，開車出外宜小心，幸有月德解化，善心而行，以免受災。

農曆 12月

運勢指數：★

逢破大耗及月殺，行善積德來解化，事事按步而行，安份守己以免招災臨。

猴

4、16、28、40、52、64、76、88、100歲

今年運勢概況：❶妙逢天德福德吉星照臨，逢凶化吉，心存正氣，可有喜慶盈門。❷卷舌凶星，閒事勿管，以免易生口舌是非。❸劫殺來纏宮，注意金錢投資謹慎，防周轉不靈。

農曆1月
運勢指數：★
逢破大耗須注意，春節期間行大廟宇，祈求歲安也可期，須防美人計。

農曆2月
運勢指數：★★★
紫微龍德吉星多，漸入佳境免煩惱，安份守己最可靠，行善積德可化凶。

農曆3月
運勢指數：★★
雖逢三合星來拱照，亦有凶星來干擾，交友謹慎事事小心提防，以免連累受害。

農曆4月
運勢指數：★★★★★
六合逢德多吉星，最喜貴人來相助，謀事順通，防言語口角招災。

農曆5月
運勢指數：★★
天狗沖動，並無吉星相助，開車出外處處小心，夜勿遠行，多行善德保平安。

農曆6月
運勢指數：★★★★
紅鸞星動，未婚喜已婚憂，亦有天殺逢病符，定時做健康檢查，防病痛之憂。

農曆7月
運勢指數：★★
伏吟劍鋒凶星糾纏，出外行車小心注意，以免意外之厄，或口舌惹出血光之災。

農曆8月
運勢指數：★★★★
逢太陽星高照，有財有祿喜氣來，月到中秋又添財，女人須防色情及夫妻反睦。

農曆9月
運勢指數：★★
喪門凶星入宮，不利探病，不送喪及不食喪物，事事要小心，以免發生意外。

農曆10月
運勢指數：★
交友謹慎，勿管閒事，勿貪非法之財，以免官非纏身，損財是非多端。

農曆11月
運勢指數：★★★★
五鬼入宮，錢財出入較大，易被朋友設計損財，喜有三合星高照，逢合化吉。

農曆12月
運勢指數：★★★★★
月德天喜吉星照臨，逢凶化吉，貴人相助，諸事亨通，百事皆吉。

雞

3、15、27、39、51、63、75、87、99歲

今年運勢概況：
❶弔客凶星照宮，慎防孝服或損財，適時捐血可破災。
❷年有天狗凶星來佔宮，恐有損傷及禍殃，行善謹慎保平安。
❸囚獄厄害來照，交友細心，事事三思而後行，免官符纏身。

農曆1月
運勢指數：★★★
逢劫殺小耗凶星，不利擴展投資事業，因有月德貴人至，善心者逢凶化吉。

農曆2月
運勢指數：★
逢沖破，出外行車宜小心謹慎，凡事三思而行，勿強出頭而惹血光或牢獄之災。

農曆3月
運勢指數：★★★★★
喜有六合紫微解神照臨，逢凶化吉喜事臨門，諸事按步而行，自有貴人扶助。

農曆4月
運勢指數：★★★
白虎入宮，易傷人口，及其它不測之事，防朋友失信，損財倒會或借錢不還。

農曆5月
運勢指數：★★★★
逢紅鸞福德星臨，未婚男女親事可成，已婚防家庭風波，勿管閒事，防口舌是非。

農曆6月
運勢指數：★★
交友小心，恐有小人陷害，造成官非或不必要糾纏，切須謹慎提防。

農曆7月
運勢指數：★★★
注意身體健康，出外行車處處小心謹慎，勿貪不義之財，謹防色情風波。

農曆8月
運勢指數：★★★
遇自刑妙有將星金匱臨，亦須防血光之厄，諸事須小心防備，行善積德保平安。

農曆9月
運勢指數：★★★★
男吉女須注意身體，雖是無大礙，亦不可大意，須善心好德，自有貴人相助。

農曆10月
運勢指數：★★★
謀事求財宜遠方，奔波辛勞財可望，勿送喪勿食喪物，注意家庭和樂為貴。

農曆11月
運勢指數：★★★★
雖有口舌之爭，妙逢天喜福星多吉慶，注意桃花近身惹緋聞，強出頭恐惹官災。

農曆12月
運勢指數：★★★★
須防官非或血光之災，注意桃花，幸有三合吉星與解神，逢凶化吉，貴人相助。

狗

2、14、26、38、50、62、74、86、98歲

今年運勢概況：❶病符凶星臨宮，勿看病人，勿食喪物，夜間勿遠行。❷妙逢天喜吉星照臨，逢凶化吉，心存正氣，可有喜慶盈門。❸天殺凶星入宮，若能多行善德，祈求安泰順景。

農曆1月
運勢指數：★★★
雖有三合來照臨，但多位凶星走在前，須防朋友反背連累，官非也來刑。

農曆2月
運勢指數：★★★★
喜逢六合福星來照臨，未婚男女良緣至，已婚注意心不定，否則損財又損身。

農曆3月
運勢指數：★
逢破遇耗處處小心謹慎，凡事三思而後行，不可自作誤聰明，一錯百事憂。

農曆4月
運勢指數：★★
交友恐有小人暗中陷害，逢紅鸞星動，未婚男女婚姻可期，已婚防外遇風波。

農曆5月
運勢指數：★★★★
月逢金星，最好到福德廟祈解厄，則可財利順通，再逢三合吉星，喜氣臨門。

農曆6月
運勢指數：★★★
注意口角惹是非，最好勿管他人事，守之安泰，勿貪不義之財，可免日後愁。

農曆7月
運勢指數：★★
逢天狗凶星臨，不利遠行，騎車留意，防損傷，諸事不如意，病痛之憂。

農曆8月
運勢指數：★★★
注意身體健康，勿出國遠行及夜行，以保平安，交友須小心謹慎，可免牢獄之災。

農曆9月
運勢指數：★★★
伏吟之月出外小心謹慎，防誤交損友，以免惹來血光之災，多行善德可避災。

農曆10月
運勢指數：★★★★
喜逢太陽來高照，貴人天喜也照耀，諸事順利喜洋洋，事事慶有餘。

農曆11月
運勢指數：★★
須防血光及孝服，恐犯仙人跳小心謹慎，諸事宜節守，以免日後憂。

農曆12月
運勢指數：★★★
交友宜小心，防小人暗中陷害，或有不測之事，多行善積德，以免多端之憂。

豬

1、13、25、37、49、61、73、85、97歲

今年運勢概況：
❶浮沉血刃凶星，處事小心謹慎，適時捐血防血光之厄。
❷勿管他人事，以免惹事生非，謹防錢財被劫亦防盜。
❸宜安太歲吉，可祈求保平安，事事順心，事事如意。

農曆1月
運勢指數：★★
勾絞行運，易生事煩擾，防暗中受害連累，女則平安順利，男防身體欠安。

農曆2月
運勢指數：★★★
注意小人陷害官符纏身，幸有三合金匱吉星來高照，行善積德，自然逢凶化吉。

農曆3月
運勢指數：★★★
注意身體健康及損財，紅鸞星動，妙有月德吉星降來臨，逢凶化吉，貴人相助。

農曆4月
運勢指數：★
遇破大耗處處小心，交友謹慎防官災，若無光中慮，恐有暗中憂，凡事三思後行。

農曆5月
運勢指數：★★★★
紫微龍德吉星伴照，多行善德，財喜臨門，諸事如意，逢凶化吉，諸事無憂。

農曆6月
運勢指數：★★★
出外行車必小心，又見金星，常求福德正神解化，幸有三合吉星照，大事化小。

農曆7月
運勢指數：★★★★
注意口角而損財，幸有天德福星來助，貴人相扶多得意，諸事順暢。

農曆8月
運勢指數：★★★
天狗凶星至，不利遠行，騎車留意，防損傷，病痛之憂，逢天解星，可解除厄運。

農曆9月
運勢指數：★★
逢病符凶星入宮，注意身體健康，勿貪不義之財，防口舌及牢獄之災。

農曆10月
運勢指數：★★★
伏吟指背之嫌，交友小心謹防陷害，勿管他人事，則免日後愁，謹防血光及損財。

農曆11月
運勢指數：★★★★
逢太陽星高照，有財有祿喜氣來，月到滿時可添財，女人須防色情及夫妻不睦。

農曆12月
運勢指數：★★★
是吉非真，勿送喪及食喪物，諸事小心謹慎，善心好德，自有貴人逢凶化吉。

一〇八己亥年百歲年齡生肖對照表

年號	日治紀元 西曆公元	六十甲子	生肖	年齡
民國九	(大正九年) 1920	庚申	猴	100歲
民國十	(大正十年) 1921	辛酉	雞	99歲
民國十一	(大正十一年) 1922	壬戌	狗	98歲
民國十二	(大正十二年) 1923	癸亥	豬	97歲
民國十三	(大正十三年) 1924	甲子	鼠	96歲
民國十四	(大正十四年) 1925	乙丑	牛	95歲
民國十五	(昭和一年) 1926	丙寅	虎	94歲
民國十六	(昭和二年) 1927	丁卯	兔	93歲
民國十七	(昭和三年) 1928	戊辰	龍	92歲
民國十八	(昭和四年) 1929	己巳	蛇	91歲
民國十九	(昭和五年) 1930	庚午	馬	90歲
民國二十	(昭和六年) 1931	辛未	羊	89歲
民國廿一	(昭和七年) 1932	壬申	猴	88歲
民國廿二	(昭和八年) 1933	癸酉	雞	87歲
民國廿三	(昭和九年) 1934	甲戌	狗	86歲
民國廿四	(昭和十年) 1935	乙亥	豬	85歲
民國廿五	(昭和十一年) 1936	丙子	鼠	84歲
民國廿六	(昭和十二年) 1937	丁丑	牛	83歲
民國廿七	(昭和十三年) 1938	戊寅	虎	82歲
民國廿八	(昭和十四年) 1939	己卯	兔	81歲
民國廿九	(昭和十五年) 1940	庚辰	龍	80歲
民國三十	(昭和十六年) 1941	辛巳	蛇	79歲
民國卅一	(昭和十七年) 1942	壬午	馬	78歲
民國卅二	(昭和十八年) 1943	癸未	羊	77歲
民國卅三	(昭和十九年) 1944	甲申	猴	76歲

年號	西曆公元	六十甲子	生肖	年齡
民國卅四	(昭和二十年) 1945	乙酉	雞	75歲
民國卅五	1946	丙戌	狗	74歲
民國卅六	1947	丁亥	豬	73歲
民國卅七	1948	戊子	鼠	72歲
民國卅八	1949	己丑	牛	71歲
民國卅九	1950	庚寅	虎	70歲
民國四十	1951	辛卯	兔	69歲
民國四一	1952	壬辰	龍	68歲
民國四二	1953	癸巳	蛇	67歲
民國四三	1954	甲午	馬	66歲
民國四四	1955	乙未	羊	65歲
民國四五	1956	丙申	猴	64歲
民國四六	1957	丁酉	雞	63歲
民國四七	1958	戊戌	狗	62歲
民國四八	1959	己亥	豬	61歲
民國四九	1960	庚子	鼠	60歲
民國五十	1961	辛丑	牛	59歲
民國五一	1962	壬寅	虎	58歲
民國五二	1963	癸卯	兔	57歲
民國五三	1964	甲辰	龍	56歲
民國五四	1965	乙巳	蛇	55歲
民國五五	1966	丙午	馬	54歲
民國五六	1967	丁未	羊	53歲
民國五七	1968	戊申	猴	52歲
民國五八	1969	己酉	雞	51歲

年號	西曆公元	六十甲子	生肖	年齡
民國五九	1970	庚戌	狗	50歲
民國六十	1971	辛亥	豬	49歲
民國六一	1972	壬子	鼠	48歲
民國六二	1973	癸丑	牛	47歲
民國六三	1974	甲寅	虎	46歲
民國六四	1975	乙卯	兔	45歲
民國六五	1976	丙辰	龍	44歲
民國六六	1977	丁巳	蛇	43歲
民國六七	1978	戊午	馬	42歲
民國六八	1979	己未	羊	41歲
民國六九	1980	庚申	猴	40歲
民國七十	1981	辛酉	雞	39歲
民國七一	1982	壬戌	狗	38歲
民國七二	1983	癸亥	豬	37歲
民國七三	1984	甲子	鼠	36歲
民國七四	1985	乙丑	牛	35歲
民國七五	1986	丙寅	虎	34歲
民國七六	1987	丁卯	兔	33歲
民國七七	1988	戊辰	龍	32歲
民國七八	1989	己巳	蛇	31歲
民國七九	1990	庚午	馬	30歲
民國八十	1991	辛未	羊	29歲
民國八一	1992	壬申	猴	28歲
民國八二	1993	癸酉	雞	27歲
民國八三	1994	甲戌	狗	26歲

年號	西曆公元	六十甲子	生肖	年齡
民國八四	1995	乙亥	豬	25歲
民國八五	1996	丙子	鼠	24歲
民國八六	1997	丁丑	牛	23歲
民國八七	1998	戊寅	虎	22歲
民國八八	1999	己卯	兔	21歲
民國八九	2000	庚辰	龍	20歲
民國九十	2001	辛巳	蛇	19歲
民國九一	2002	壬午	馬	18歲
民國九二	2003	癸未	羊	17歲
民國九三	2004	甲申	猴	16歲
民國九四	2005	乙酉	雞	15歲
民國九五	2006	丙戌	狗	14歲
民國九六	2007	丁亥	豬	13歲
民國九七	2008	戊子	鼠	12歲
民國九八	2009	己丑	牛	11歲
民國九九	2010	庚寅	虎	10歲
民國一〇〇	2011	辛卯	兔	9歲
民國一〇一	2012	壬辰	龍	8歲
民國一〇二	2013	癸巳	蛇	7歲
民國一〇三	2014	甲午	馬	6歲
民國一〇四	2015	乙未	羊	5歲
民國一〇五	2016	丙申	猴	4歲
民國一〇六	2017	丁酉	雞	3歲
民國一〇七	2018	戊戌	狗	2歲
民國一〇八	2019	己亥	豬	1歲

玩藝 76

詹惟中 2019 開運農民曆

解析個人流年，詹老師獨創東方星座開運書！讓你趨吉避凶、官運亨通、豬事大吉發大財！

作　　者—詹惟中
攝　　影—蘇菲雅婚紗攝影
妝　　髮—Celine (Jing)
文字整理—涼御靜
主　　編—汪婷婷
責任編輯—程郁庭
責任企劃—汪婷婷
封面設計—張家銘
內頁設計—吳詩婷

總 編 輯—周湘琦
發 行 人—趙政岷
出 版 者—時報文化出版企業股份有限公司
10803 台北市和平西路三段 240 號 2 樓
發行專線—(02)2306-6842
讀者服務專線—0800-231-705　(02)2304-7103
讀者服務傳真—(02)2304-6858
郵撥—19344724 時報文化出版公司
信箱—台北郵政 79 ～ 99 信箱
時報悅讀網—http://www.readingtimes.com.tw
電子郵件信箱—books@readingtimes.com.tw
生活線臉書—https://www.facebook.com/ctgraphics
法律顧問— 理律法律事務所　陳長文律師、李念祖律師
印　　刷— 詠豐印刷有限公司
初版一刷— 2018 年 11 月 2 日
初版二刷— 2019 年 1 月 25 日
定　　價— 新台幣 380 元
（缺頁或破損的書，請寄回更換）

時報文化出版公司成立於一九七五年，
並於一九九九年股票上櫃公開發行，於二〇〇八年脫離中時集團非屬旺中，
以「尊重智慧與創意的文化事業」為信念。

詹惟中開運農民曆 . 2019：解析個人流年，詹老師獨創東方星座開運書！讓你趨吉避凶、官運亨通、豬事大吉發大財！／詹惟中著 . -- 初版 . -- 臺北市：時報文化 , 2018.11
面；　公分 . --（玩藝 ；76）
ISBN 978-957-13-7591-5（平裝）
1. 命書 2. 改運法
293.1　　107018078

特別感謝：
Sophia
蘇菲雅婚紗攝影